Lexique bilingue de l'arabe des médias

Clés pour les médias arabes

français-arabe

Arpine Marchand
Professeur agrégée en classes préparatoires
au lycée Faidherbe de Lille

Sévane Marchand
Diplômée de Sciences-Po Paris

ISBN 978-2-7298-4244-4
©Ellipses Édition Marketing S.A., 2009
32, rue Bargue 75740 Paris cedex 15

Le Code de la propriété intellectuelle n'autorisant, aux termes de l'article L. 122-5.2° et 3°a), d'une part, que les « copies ou reproductions strictement réservées à l'usage privé du copiste et non destinées à une utilisation collective », et d'autre part, que les analyses et les courtes citations dans un but d'exemple et d'illustration, « toute représentation ou reproduction intégrale ou partielle faite sans le consentement de l'auteur ou de ses ayants droit ou ayants cause est illicite » (art. L. 122-4).
Cette représentation ou reproduction, par quelque procédé que ce soit constituerait une contrefaçon sanctionnée par les articles L. 335-2 et suivants du Code de la propriété intellectuelle.

www.editions-ellipses.fr

INTRODUCTION

Ce lexique est un outil qui peut être utilisé de différentes manières selon le niveau linguistique de départ de l'apprenant et selon son projet.

- Dans le cadre de l'enseignement post-baccalauréat, il s'adresse aux étudiants qui préparent les concours d'entrée aux grandes écoles, et ceux de la fonction publique, aux étudiants en BTS ou dans le cursus universitaire.
- Dans le cadre de l'enseignement secondaire, il permet à des élèves ayant acquis un niveau suffisant de s'initier de façon plus spécifique à la langue et aux thématiques des médias arabes.
- Il s'adresse enfin à toute personne ayant acquis les bases de la langue arabe et qui veut accéder à des thèmes qui ne relèvent pas de la vie quotidienne ou de la communication de la vie courante.

Ce lexique aborde les thèmes étudiés à travers les médias arabes. Il comporte deux axes conjoints : la langue des médias et la culture générale véhiculée par ces médias.

La langue des médias est la grande absente des études scolaires et universitaires. C'est une langue largement négligée, voire méprisée par le « monde savant ». Elle suscite des réactions passionnelles : les puristes lui reprochent son manque de rigueur, son incorrection sinon son « impureté ». Pourtant, cette langue sert d'outil vivant de réflexion et de communication, elle aborde les thèmes cruciaux qui sont en train de remodeler les réalités géopolitiques, sociales, économiques et culturelles du monde arabe. Elle est l'outil qui façonne et exprime de nouvelles mentalités, des visions du monde diverses. Elle tente de s'adapter, plus ou moins adroitement, aux nouvelles réalités mouvantes et aux aléas du monde actuel.

Cette langue dispose de vecteurs qui la forgent et la véhiculent : les chaînes satellitaires, la presse arabe disponible pour tout arabophone, où qu'il se trouve dans le monde, grâce à l'internet. Ces médias sont peut-être en train de contribuer à l'émergence d'une nouvelle langue de communication vivante et spontanée, couvrant l'ensemble du monde arabe et reliant celui-ci à la diaspora dispersée dans le monde entier.

Cette langue échappe pour le moment à tout contrôle. C'est ce qui fait sa richesse et sa fragilité.

Les thèmes abordés dans ce lexique reflètent les préoccupations des sociétés arabes à l'heure de la mondialisation à travers les dossiers suivants : la politique, l'économie, les médias, l'environnement, les arts, les lettres et la culture, l'identité et la religion.

Chaque thème est abordé dans une logique de présentation générale raisonnée.

Le matériau linguistique :

1. Des termes techniques ou des concepts généraux présentés sous forme de lexique terme à terme.
2. Des expressions où ces termes apparaissent le plus fréquemment.
3. Des phrases significatives à haute fréquence.

Nous avons fait le choix de faire précéder les noms français de l'article pour indiquer très clairement le genre du mot.

Chaque dossier est divisé en deux parties : un lexique thématique et des utilisations « en contexte ». Notre objectif est de donner aux lecteurs des termes techniques, des expressions courantes, des arguments aussi divers que possibles qui leur permettent de développer et agencer une argumentation personnelle de la manière la plus authentique possible.

Les mots, expressions et phrases sont extraits très majoritairement des médias arabes. Nous avons tenté de trouver les équivalences dans la presse française. Il s'agissait de proposer le discours des médias arabes et français.

Dans de rares cas, n'ayant pas trouvé d'équivalents dans la langue d'arrivée, nous avons proposé une traduction personnelle la plus appropriée possible. Nous avons essayé de réduire au maximum ce cas de figure, pour s'en tenir au discours authentique.

Ce travail n'a aucune prétention à l'exhaustivité. Par nature, il est mouvant et multiple. Il y aura souvent des propositions multiples pour un seul terme. En effet, la presse du Maghreb et celle du Machrek ont parfois des divergences. Des spécificités apparaissent, y compris à l'intérieur d'une même zone, d'un journal à l'autre, d'un journaliste à l'autre.

Des écarts par rapport à la langue classique académique peuvent être considérés par certains comme des fautes choquantes. Ce travail ne fait que refléter dans la mesure du possible, un état donné de la langue des médias dans ce qu'il a de créatif, d'exubérant, mais aussi de maladroit et d'éphémère, dans un but strictement pédagogique .

Le sous-titre de cet ouvrage, « Clés pour les médias arabes » résume l'objectif de ce lexique thématique bilingue : mettre à la disposition du lecteur des outils pour accéder au monde des médias arabes.

SOMMAIRE

La politique   p. 9

L'économie   p. 69

Les médias   p. 137

L'environnement   p. 183

Les arts, les lettres et la culture   p. 201

Identité et religion   p. 235

Table des matières   p. 277

La politique

La politique intérieure : السياسة الداخليّة

Les élections : الانتخابات

Le processus électoral : العمليّة الانتخابيّة

انتخب – ينتخب – انتخاب : Elire
الانتخابات : Les élections
ناخب – ناخبون \ منتخِب – منتخِبون : Un électeur
الهيئة الانتخابيّة \ هيئة الناخبين : Le corps électoral
مصوّت – مصوّتون \ مقترع – مقترعون : Un votant
مرشّح – مرشّحون : Un candidat
منافس – منافسون : Un concurrent
مرشح الحزب : Un candidat du parti
مرشّح مستقلّ : Un candidat libre
ترشيح : Une candidature
تقديم مرشحين \ رشّح – ترشيح : Présenter des candidats
رشّح نفسه : Se présenter (aux élections)
ترشّح – ترشّح – يترشّح : Présenter sa candidature / se présenter
سحب ترشيحه : Retirer sa candidature
منتخَبون منتخَب : Un élu
النظام الانتخابيّ : Le système électoral
قانون الانتخابات : La loi électorale
إصدار قانون الانتخابات : Promulguer la loi électorale
إقرار قانون الانتخابات : Approuver la loi électorale
اعتماد قانون جديد للانتخابات : Adopter une nouvelle loi électorale
تعديل قانون الانتخابات : Modifier la loi électorale
الاستحقاق الانتخابيّ : L'échéance électorale

I. La politique

L'approche de l'échéance électorale : اقتراب الاستحقاق الانتخابي
Les consultations électorales : الاستشارات الانتخابيّة
Reporter les élections : تأجيل الانتخابات
Une liste électorale : لائحة انتخابيّة \ لوائح – قائمة \ قوائم
Une liste locale : قائمة محليّة
Une liste nationale : قائمة وطنيّة
S'inscrire sur les listes électorales : التسجيل على اللوائح الانتخابيّة
La hausse du nombre des électeurs inscrits : ارتفاع عدد الناخبين المسجّلين

Les types d'élections :
أنواع الانتخابات

Des élections locales : انتخابات محليّة
Les élections municipales : الانتخابات البلديّة
Une mairie : بلديّة – بلديّات
Le maire : العُمدة – رئيس البلديّة
Des élections nationales : انتخابات وطنيّة
Des élections législatives : انتخابات تشريعيّة
Des élections présidentielles : انتخابات رئاسيّة
Une élection au scrutin proportionnel : انتخاب بالتمثيل النسبيّ
La clôture du scrutin : اختتام الاقتراع
Des élections anticipées : انتخابات مبكرة

La campagne électorale :
الحملة الانتخابيّة

Organiser une campagne électorale : تنظيم حملة انتخابيّة
Mener la bataille électorale : خوض المعركة الانتخابيّة
Un sondage : استطلاع رأي- استطلاعات رأي \ استفتاء- استفتاءات
Effectuer un sondage : إجراء استفتاء \ استطلاع رأي
Des statistiques : إحصاء – إحصاءات \ إحصائيات
La course à la Maison-Blanche : السباق إلى البيت الأبيض

Voter :
التصويت

Voter : صوّت – يصوّت \ أدلى بصوته
Le droit de vote : حقّ التصويت \ حق الاقتراع
Le scrutin : الاقتراع
Le mode de scrutin : نمط الاقتراع
Changer / modifier le mode de scrutin : تغيير \ تعديل نمط الاقتراع
Une circonscription électorale : دائرة انتخابيّة – دوائر انتخابيّة
Un centre électoral : مركز تصويت
Un bureau de vote : مكتب تصويت – مكاتب تصويت
La fermeture des bureaux de vote : إغلاق مكاتب التصويت
L'isoloir : حجرة التصويت \ غرفة التصويت
Les urnes : صناديق الاقتراع
Une carte d'électeur :
بطاقة انتخابيّة - بطاقات انتخابية \ بطاقة تصويت – بطاقات تصويت
Retirer la carte d'électeur : سحب بطاقة التصويت
Bulletin de vote : ورقة تصويت \ أوراق تصويت
Une voix : صوت \ أصوات
Vote obligatoire : تصويت إجباريّ
Le vote secret : التصويت السرّيّ
Le vote nul : التصويت العدمي
L'abstention : الامتناع \ الإحجام عن التصويت
Boycotter les élections : مقاطعة الانتخابات
La participation : المشاركة
Le taux de participation : نسبة المشاركة
Le recul du taux de participation : تراجع نسبة المشاركة في الاقتراع
Un recul record du taux de participation :
تراجع قياسيّ في نسبة المشاركة
La faiblesse de la participation : ضعف نسبة المشاركة

I. La politique

Les résultats des élections :
نتائج الانتخابات

Le dépouillement / dépouiller les voix : عمليّة فرز الأصوات
Annoncer les résultats : إعلان نتائج الانتخابات \ نشر نتائج الانتخابات -
Les premiers résultats : النتائج الأوّليّة
Les résultats définitifs : النتائج النهائيّة
Les résultats provisoires : النتائج المؤقتة
Les résultats partiels : النتائج الجزئيّة
Les résultats officiels : النتائج الرسميّة
Les résultats officieux : النتائج شبه الرسميّة

Gagner / perdre :
الفوز والانهزام

Gagner les élections : الفوز في الانتخابات
Le gagnant des élections :
الفائز - الفائزون \ المنتصر - المنتصرون في الانتخابات
Un siège : مقعد \ مقاعد
Un siège vacant : مقعد شاغر
Occuper le siège de : شغل المقعد
Gagner des sièges : الفوز بمقاعد
Obtenir des sièges : الحصول على مقاعد
Obtenir la majorité absolue : الحصول على الأغلبيّة المطلقة
Une défaite : هزيمة \ هزائم
Le perdant : الخاسر - الخاسرون
Perdre les élections / subir une défaite électorale
هُزم \ خسر في الانتخابات
Subir une défaite électorale : مني بهزيمة انتخابيّة

Transparence et manipulation :
الشفافيّة والتلاعب

Les observateurs étrangers : المراقبون الأجانب
Des élections intègres / sincères : انتخابات نزيهة \ شريفة
Des élections libres : انتخابات حرّة
Des élections crédibles : انتخابات ذات مصداقيّة
La transparence : الشفافيّة
Le professionnalisme : المهنيّة
La crédibilité : المصداقيّة
La confidentialité du scrutin : سرّيّة الاقتراع
La compétition sincère / loyale : التباري الشريف
La corruption : الفساد
Des pots de vin : رشوة – رشاوى
Acheter des voix : شراء أصوات
Dérober les bulletins de vote : اختلاس أوراق التصويت
Ouvrir une enquête : فتح تحقيق
Une commission d'enquête : لجنة تحقيق
Accuser : اتّهم – يتّهم - اتّهام
Des accusations : اتّهامات
Menacer : هدّد – يهدّد – تهديد
Récuser / contester une élection / mettre en doute la validité d'une élection : تقديم طعن انتخابيّ

En contexte : les élections

La campagne électorale

Obama a une avance de six points sur Mac Cain dans la course à la Maison-Blanche.

في السباق إلى البيت الأبيض، يتقدّم أوباما على ماكين بست نقط.

Il devance de six points son concurrent républicain.

يتفوّق بفارق ست نقاط على منافسه الجمهوريّ.

I. La politique

Selon des sondages publiés récemment,…
حسب \ وفق استطلاعات للرأي صدرت مؤخراً....

Le sondage effectué par le conseil des ministres…
الاستطلاع الذي أجراه مجلس الوزراء.

Les dernières statistiques indiquent que près de 60 % des électeurs…
وتسجّل آخر الإحصائيات أنّ نحو \ حوالي 60 % من الناخبين...

Le sondage a indiqué qu'Obama obtient le soutien de 47 % des personnes contre 41 % pour Mac Cain.
وأشار الاستطلاع إلى حصول أوباما على تأييد 47 % مقابل 41 % لماكين.

Les résultats des élections

On attendait hier soir que le ministre de l'intérieur annonce les premiers résultats officiels du scrutin.
كان منتظراً أن يعلن وزير الداخليّة المغربيّ الليلة الماضية النتائج الرسميّة الأوليّة المتعلّقة بالاقتراع.

Le parti travailliste au pouvoir a subi une défaite électorale dans les élections locales organisées pour pourvoir deux sièges vacants au parlement.
تكبّد حزب العمّال الحاكم هزيمة انتخابيّة في الانتخابات المحليّة التي تمّ تنظيمها لشغل مقعدين شاغرين في البرلمان.

Les Islamistes sont en deuxième position.
الإسلاميّون في المرتبة الثانية.

L'Istiqlal arrive en tête des élections.
الاستقلال يتصدّر الانتخابات.

Le parti x devance le parti y de x sièges.
يتقدّم حزب ... على.. بـ .... مقاعد.

Le parti x a amélioré ses résultats de x sièges.

حسّن حزب ... نتائجه بـ ... مقعداً.

Le parti travailliste occupe habituellement le siège de Glasgow-Est.

يشغل حزب العمال عادةً مقعد شرق غلاسكو.

Les élections complémentaires se sont déroulées en vue d'occuper un siège vacant après le retrait du député travailliste pour cause de santé.

جرت الانتخابات التكميليّة لشغل مقعد شاغر بعد تنحّي نائب عمّاليّ لأسباب صحّيّة.

Transparence et manipulation

Le Maroc a gagné le pari de la transparence et de la crédibilité des élections.

إن المغرب نجح في كسب رهان شفافيّة ومصداقيّة الانتخابات.

Il dévoile les fraudes électorales.

كشف المخالفات الانتخابيّة.

Garantir la validité et l'honnêteté / l'intégrité du processus électoral.

ضمان سلامة ونزاهة العمليّة الانتخابيّة.

Les observateurs étrangers ont considéré que la transparence avec laquelle les résultats des élections ont été annoncés constituait une preuve de l'engagement de l'Etat marocain pour des élections sincères, libres, transparentes et crédibles.

واعتبر المراقبون الشفافيّة التي أعلنت بها نسبة المشاركة في الانتخابات دليلًا على التزام الدولة المغربيّة في أن تكون الانتخابات نزيهة وحرّة وشفافة وذات مصداقيّة.

I. La politique

Le ministre de l'intérieur a félicité toutes les forces politiques nationales, tous les acteurs et les organisations de la société civile qui ont participé à la réalisation de ce saut qualitatif qu'a connu la démocratie au Maroc.

أشاد وزير الداخليّة بجميع القوى السياسيّة الوطنيّة ومختلف الفاعلين السياسيّين وهيئات المجتمع المدنيّ الذين أسهموا \ ساهموا في تحقيق هذه القفزة النوعيّة التي عرفتها الديمقراطيّة في المغرب.

Respecter la compétition et la concurrence loyales...
الالتزام بالتباري الشريف وبالمنافسة الشريفة....

Mettre en doute la légitimité / la validité de la candidature de x pour un deuxième mandat.
الطعن في شرعيّة ترشّح فلان لولاية ثانية.

Les institutions :

L'Etat :
دولة – دول

Généralités :
اعتبارات عامّة
Une patrie : وطن – أوطان
L'Etat - nation : الدولة القوميّة \ الدولة – الأمّة
L'autorité de l'Etat / la souveraineté de l'Etat : سيادة الدولة
Un Etat souverain : دولة ذات سيادة
L'Etat de droit : دولة القانون
Les frontières de l'Etat : حدود الدولة
Un pays : بلد – بلاد – بلدان
Un pays : أمّة – أمم
L'Oumma : الأمّة

Un citoyen : مواطن – مواطنون
La citoyenneté : المواطنة

Les types de régimes :
أنواع الأنظمة

Un empire : إمبراطوريّة – إمبراطوريّات
Un empereur : امبرطور – أباطرة
Le califat : الخلافة
Un calife : خليفة – خلفاء
Un tsar / César : قيصر \ قياصرة
Une république : جمهوريّة – جمهوريّات
Un royaume : مملكة – ممالك
Un émirat : إمارة – إمارات
Un sultanat : سلطنة – سلطنات

La république / le régime républicain :
النظام الجمهوريّ

Un président : رئيس – رؤساء
Un chef d'Etat : رئيس دولة
Le président de la République : رئيس الجمهوريّة
Le Chancelier allemand : المستشار الألمانيّ
Le vice-président : نائب الرئيس
Le mandat du président : ولاية الرئيس
Sous le mandat du président / à l'époque du président / sous la présidence de … : في عهد الرئيس
Prolonger le mandat du président : تمديد ولاية الرئيس
Le palais présidentiel : القصر الجمهوريّ
La garde républicaine : الحرس الجمهوريّ
Le pouvoir législatif : السلطة التشريعيّة
Le pouvoir exécutif : السلطة التنفيذيّة
Le pouvoir judiciaire : السلطة القضائيّة
La Constitution : الدستور
La loi constitutionnelle : القانون الدستوريّ
Un droit constitutionnel : حق دستوريّ
Un régime constitutionnel : نظام دستوريّ

I. La politique

La Constitution stipule que : ينصّ الدستور على
Violer la Constitution : انتهاك الدستور \ خرق الدستور
Une modification constitutionnelle : تعديل دستوريّ
Faire des objections juridiques et constitutionnelles : تقديم اعتراضات قانونيّة ودستوريّة
Un décret : مرسوم
Promulguer un décret : أصدر مرسوماً

La monarchie / le régime monarchique : النظام الملكيّ

Un roi / un monarque : ملك – ملوك
Le souverain ... : العاهل الـ
Le prince héritier : وليّ العهد
Le Gardien des deux lieux saints (le souverain saoudien) : خادم الحرمين الشريفين
Le souverain hachémite : العاهل الهاشميّ
Le palais royal : القصر الملكيّ
Sous le règne de : ... في عهد الملك
Un décret royal : مرسوم ملكيّ

Le gouvernement : الحكومة

Accéder au pouvoir / prendre le pouvoir : تولّي السلطة \ تسلّم السلطة

Arriver au pouvoir / accéder au pouvoir : تولّى الحكم
Un poste / une fonction (politique) : منصب – مناصب
Les postes gouvernementaux : المناصب الحكوميّة
Nommer / désigner qqn au poste de : ... تعيين ... في منصب
Poser sa candidature pour le poste de : ... رشّح نفسه لمنصب
Occuper la fonction de / le poste de : تولّى منصب \ شغل منصب

Former un gouvernement :
شكّل – يشكّل – تشكيل حكومة \ قام بتشكيل حكومة \ ألف – يؤلف – تأليف حكومة

Former un gouvernement d'union nationale :
تشكيل حكومة وحدة وطنيّة
Le gouvernement central : الحكومة المركزيّة
Le gouvernement légal : الحكومة الشرعيّة
Un gouvernement de coalition : حكومة ائتلافيّة
Un gouvernement fédéral : حكومة فدراليّة
Un gouvernement des affaires courantes : حكومة تصريف أعمال

Les ministres :
الوزراء

Un ministre : وزير – وزراء
Un Premier ministre : رئيس وزراء \ وزير أوّل
Le conseil des ministres : مجلس الوزراء
Le chef du gouvernement : رئيس الحكومة
Un poste ministériel : منصب وزاريّ – مناصب وزاريّة
Un ancien ministre / un ex ministre : وزير سابق – وزراء سابقون
Un ministre d'Etat : وزير سيادة \ وزير دولة
Un ministre chargé de / en charge de : وزير مكلّف بـ
Le ministre des affaires étrangères et des expatriés :
وزير الخارجيّة \ وزير الشؤون الخارجيّة والمغتربين
Le ministre des affaires sociales et de l'emploi :
وزير الشؤون الاجتماعيّة والعمل
Un portefeuille ministériel : حقيبة – حقائب وزاريّة
Nommer / désigner un ministre :
وزّر – يوزّر – توزير \ تعيين وزير \ تسمية وزير
Un changement ministériel : تغيير وزاريّ \ تعديل وزاريّ
Effectuer des changements ministériels : إجراء تعديلات وزاريّة
Un communiqué ministériel / une déclaration ministérielle :
بيان وزاريّ \ تصريح وزاريّ
La commission ministérielle : اللجنة الوزاريّة
Une réunion ministérielle : اجتماع وزاريّ
Une décision ministérielle : قرار وزاريّ

I. La politique

Gouverner :
حكَم – يحكُم – الحُكْم

Un gouvernement : حكومة – حكومات
Un régime politique : نظام سياسيّ – أنظمة \ نظم سياسيّة
Les autorités locales : السلطات المحليّة
Les autorités officielles : السلطات الرسميّة
Les autorités légales : السلطات الشرعيّة

Renverser un gouvernement :
قلب حكومة

Une crise gouvernementale : أزمة حكوميّة – أزمات حكوميّة
Le « tiers de blocage » (Liban) : الثلث المعطّل (لبنان)
Une révolution : ثورة – ثورات
Faire une révolution : القيام بثورة
Un coup d'Etat : انقلاب – انقلابات
Faire un coup d'Etat militaire : القيام بانقلاب عسكريّ
Un coup d'Etat pacifique : انقلاب سلميّ
Un coup d'Etat manqué : انقلاب فاشل
Démissionner : استقال – يستقيل – استقالة
Présenter / donner sa démission : قدّم – يقدّم – تقديم استقالته
La démission du ministre : استقالة الوزير
Démissionner du poste de … : … استقال من منصب
Renoncer à son poste : تخلّى عن منصبه \ تنازل عن منصبه
Démettre / limoger : أقال – يقيل - إقالة
Le président a démis de ses fonctions / a limogé le ministre:
أقال الرئيس الوزير من منصبه
Le roi a abdiqué : تخلّى الملك عن عرشه \ تنازل عن عرشه
Détrôner / destituer le roi : خلع الملك
Le président déchu : الرئيس المخلوع
Renverser le régime / faire tomber le régime :
إسقاط النظام \ قلب النظام
Ecarter le président au pouvoir :
إزاحة \ تنحية \ إطاحة الرئيس من السلطة

Le parlement / l'assemblée nationale :
مجلس النوّاب | البرلمان | مجلس الشعب | الشورى | دار النيابة

Un député : نائب – نوّاب
Le président de l'assemblée : رئيس مجلس النوّاب
Le président de la chambre : رئيس المجلس النيابيّ
Un bloc parlementaire : كتلة نيابيّة – كتل نيابيّة
Une session parlementaire : فصل تشريعيّ للبرلمان
Tenir une séance extraordinaire : عقد جلسة استثنائيّة
Assister à la séance : حضور الجلسة
Boycotter la séance : مقاطعة الجلسة
Se retirer de la séance : الانسحاب من الجلسة
Le vote à bulletin secret : التصويت السرّيّ \ الاقتراع السرّيّ
Promulguer une loi : إصدار قانون
Le parlement a ratifié / a approuvé la loi : أقرّ البرلمان القانون
Voter la loi : التصويت على القانون
Faire passer la loi : تمرير القانون
La loi est devenue effective : أصبح القانون نافذاً
S'opposer à la loi : اعترض على القانون
La présidence a rejeté la loi : نقض مجلس الرئاسة القانون
Refuser / rejeter la loi dans sa formulation actuelle : رفض القانون بصيغته الحاليّة
Adresser une recommandation à : رفع توصية لـ

En contexte : les institutions

Former un gouvernement
Les tentatives en cours en vue de former le gouvernement.
المساعي الجارية لتشكيل الحكومة.

Occuper des fonctions gouvernementales importantes :
تولى مناصب حكوميّة بارزة \ مرموقة.

I. La politique

La question de la distribution des portefeuilles ministériels.

مسألة توزيع الحقائب الوزاريّة.

Les réticences du chef du gouvernement à désigner l'ancien député X comme ministre.

تحفّظ رئيس الحكومة على توزير النائب السابق.

Défaire un gouvernement

L'opposition a obtenu le « tiers de blocage » dans le gouvernement d'union nationale (Liban).

حصلت المعارضة على الثلث المعطّل في حكومة الوحدة الوطنيّة.

Constituer une alliance pour faire tomber le régime de Bagdad.

إقامة تحالف لإسقاط نظام بغداد.

Le parlement / l'assemblée nationale

Les leaders des blocs parlementaires se réunissent dans une tentative pour faire passer la loi de façon consensuelle, avant la fin de la session parlementaire actuelle, à la fin du mois prochain.

يُجري قادة الكتل النيابيّة اجتماعات في محاولة لتمرير القانون بصيغة توافقيّة قبل انتهاء الفصل التشريعيّ الحاليّ للبرلمان نهاية الشهر الجاري.

En Irak, la présidence a officiellement rejeté la loi controversée sur l'élection des comités des provinces du fait qu'elle constituait une « violation de la Constitution », et l'a renvoyée au parlement pour révision.

نقض مجلس الرئاسة في العراق قانون انتخاب مجالس المحافظات المثير للجدل بشكل رسميّ بسبب ما يشكّله من "انتهاك للدستور" وردّه إلى مجلس النوّاب مرّة ثانية لإعادة النظر فيه.

Les partis chiites actifs qui soutiennent le projet d'une fédération du centre et du sud se sont joints à la position kurde refusant la loi sur les régions / les provinces et la division de la province de Kirkouk.

انضمّت الأحزاب الشيعيّة الفاعلة، المؤيّدة لمشروع الفيدراليّة الوسط الجنوب، إلى الموقف الكرديّ الرافض لقانون مجالس المحافظات وتقسيم محافظة كركوك.

Le vote à bulletins secrets a révélé que pour la première fois certains députés chiites n'ont pas suivi les prises de position de leurs dirigeants.

أظهر التصويت السرّي للمرّة الأولى خروج مواقف بعض النوّاب الشيعة عن مواقف قادتهم.

Le parlement irakien a approuvé la loi par une majorité de 127 voix sur les 140 présents à la séance.

أقرّ البرلمان العراقيّ القانون بغالبيّة 127 صوتاً من أصل 140 حضروا الجلسة.

Cette loi controversée pourrait / aurait pour effet de détériorer le climat de concorde nationale, et de saper les principes sur lesquels s'appuie le processus politique.

هذا القانون المثير للجدل من شأنه أن يُفسد أجواء التوافق الوطنيّ وينسف المبادئ التي بُنيت عليها العمليّة السياسيّة.

Parvenir à un nouveau consensus.

التوصّل إلى توافقات جديدة \ صيغ توافقيّة جديدة.

Le parlement tient des séances extraordinaires le mois prochain.

يعقد البرلمان جلسات استثنائيّة الشهر المقبل.

En Tunisie, une modification constitutionnelle / un amendement de la Constitution autorise / permet la multiplicité des candidatures à la présidence.

تعديل دستوري في تونس يُجيز تعدّد الترشيحات للرئاسة.

Cinq députés se sont opposés à la loi dans une deuxième lecture.

اعترض خمسة نوّاب على القانون في قراءة ثانية.

Les forces politiques et sociales :
القوى السياسيّة والاجتماعيّة

Les forces politiques :
القوى السياسيّة

Généralités :
اعتبارات عامّة

Une force politique : قوّة سياسيّة – قوى سياسيّة
Un parti politique : حزب سياسيّ – أحزاب سياسيّة
Un mouvement politique : حركة سياسيّة – حركات سياسيّة
Un courant politique : تيّار سياسيّ – تيّارات سياسيّة
Un bloc politique : كتلة سياسيّة – كُتَل سياسيّة
Une organisation politique : تنظيم سياسيّ – تنظيمات سياسيّة

Le parti : الحزب

Un parti : حزب – أحزاب
Fonder un parti politique : تأسيس \ إنشاء حزب سياسيّ
Créer un parti politique : ... تكوين حزب سياسيّ \ تأسيس
Les principes et les orientations du parti : مبادئ وتوجّهات الحزب
Adhérer à un parti : الانخراط في حزب \ الانضمام إلى حزب
Un adhérent / un membre :
منتمٍ (المنتمي) إلى حزب - منتمون \ عضو حزب – أعضاء حزب
Appartenir à / faire partie d'un parti politique :
الانتماء إلى حزب \ الانتساب إلى حزب
Un leader : زعيم – زعماء
Le chef du parti / le leader du parti : رئيس الحزب – زعيم الحزب
Un responsable : مسئول – مسؤول – مسؤولون – مسؤولون
Les responsables du parti : مسئولو \ مسؤولو الحزب
Un dirigeant du parti : قياديّ – قياديّون \ قادة
La direction du parti : قيادة الحزب
Le secrétaire général du parti : الأمين العام للحزب
Les dirigeants arabes : القادة العرب

Les types de partis :
أنواع الأحزاب

Le parti au pouvoir : الحزب الحاكم
Les partis de l'opposition : أحزاب المعارضة
Les partis de droite : أحزاب اليمين \ الأحزاب اليمينية
Les partis de gauche : أحزاب اليسار \ الأحزاب اليساريّة
L'extrême droite : اليمين المتطرّف
L'extrême gauche : اليسار المتطرّف
Un parti modéré : حزب معتدل
Le centre droit : حزب اليمين الوسط
Un parti islamiste modéré : حزب إسلاميّ معتدل
Le parti Démocrate : الحزب الديمقراطيّ
Le parti Républicain : الحزب الجمهوريّ
Le parti Travailliste : حزب العمّال
Le parti Conservateur : حزب المحافظين

Les forces sociales :
القوى الاجتماعيّة

La société civile : المجتمع المدنيّ
Les membres de la société civile : أعضاء المجتمع المدنيّ
Le contrat social : العقد الاجتماعيّ
Une organisation non gouvernementale / une ONG :
منظّمة غير حكوميّة – منظّمات غير حكوميّة
Les organisations de la société civile :
هيئات \ منظّمات \ مؤسّسات المجتمع المدنيّ
Les organisations des droits de l'homme : المنظّمات الحقوقيّة
Un syndicat : نِقابة – نقابات
Le mouvement syndical / le syndicalisme : الحركة النقابيّة
Une organisation syndicale : تنظيم نقابيّ
Les décideurs : أصحاب القرار \ صنّاع القرار
Les décideurs / « ceux qui lient et délient » / les détenteurs du pouvoir : أهل الحلّ والعقد
Les notables : الوجهاء

I. La politique

Un militant / un activiste : ناشط – نشطاء
Une minorité : أقليّة - أقليّات
Marginaliser : تهميش
Un courant marginal / minoritaire : تيار هامشيّ
Un courant marginalisé : تيار مهمّش

En contexte : les forces politiques et sociales

Un sondage révèle que les jeunes se détournent des partis politiques.
استطلاع للرأي يكشف عزوف الشباب عن الأحزاب السياسيّة.

Connaître les causes de la non-adhésion des jeunes aux partis.
التعرّف على أسباب عدم انضمام الشباب للأحزاب.

Les trois quarts des jeunes adhérant à un parti politique considèrent que celui-ci joue son rôle envers la société.
إن ثلاثة أرباع الشباب ممن ينتمون إلى حزب يرون أن حزبهم يقوم بدوره تجاه المجتمع.

Les tensions politiques et sociales :
التوتّرات السياسيّة والاجتماعيّة

Contester / protester :
احتجّ – يحتجّ – احتجاج

Généralités
اعتبارات عامّة
Un contestataire : محتجّ – محتجّون

En guise de contestation / en signe de contestation : احتجاجًا على
Critiquer : انتقاد
Dénoncer / fustiger / stigmatiser : التنديد بـ \ شجب \ استنكار\ إدانة
Accuser : اتّهام
Montrer du doigt : وجّه أصابع الاتّهام إلى
Une vie politique instable / troublée / agitée :
حياة سياسية مضطربة \ اضطراب الحياة السياسيّة
Des troubles sociaux / une agitation sociale : اضطرابات اجتماعيّة
Troubles / perturbations : اضطراب – اضطرابات
Des tensions : توتّر – توتّرات
Des crispations : تشنّج – تشنّجات
Des forces en conflit : قوى متنازعة \ متصارعة
Des forces concurrentes : قوى متنافسة
Les handicaps / les obstacles : المعوقات – العراقيل
Des entraves : قيد – قيود

La contestation pacifique :
الاحتجاج السلمي

La non-violence : اللاعنف
Une manifestation : مظاهرة – مظاهرات
Manifester : التظاهر
Une manifestation pacifique : مظاهرة سلميّة
Un manifestant : متظاهر – متظاهرون
Un rassemblement : تجمّع – تجمّعات
Une contestation / une protestation : احتجاج – احتجاجات
Une grève : إضراب
Une grève de la faim : الإضراب عن الطعام
Appeler à une grève : الدعوة إلى الإضراب
Participer à la grève : المشاركة في الإضراب
Faire échouer la grève : إحباط الإضراب
Faire un sit-in : الاعتصام
Une pétition : عريضة

I. La politique

La contestation violente :
الاحتجاج العنيف

L'agressivité / l'hostilité : العدوانيّة \ العدائيّة
Les comportements agressifs : التصرّفات العدوانيّة
Agresser : الاعتداء على
Une agression : اعتداء – اعتداءات
Des violences / actes violents : أعمال عنف
La poursuite des violences :
استمرار أعمال العنف \ تواصل أعمال العنف
La reprise des violences : استئناف أعمال العنف
La violence aveugle : العنف الأعمى \ العنف العبثيّ
Des émeutes : أعمال شغب
La banlieue : الضاحية – الضواحي
Des pillages : أعمال نهب وسلب
Le chaos / l'anarchie : الفوضى
Le désordre : الانفلات الأمنيّ
La barbarie / la sauvagerie et la brutalité : الهمجيّة والبطش

Réprimer : القمع

Entraver / limiter la liberté :
تقييد الحرّيّة

Exercer la censure : ممارسة الرقابة
Les écoutes téléphoniques : التنصّت على المكالمات الهاتفيّة
Surveiller le courrier : مراقبة البريد
Réduire l'espace de liberté : تقليص هامش الحرّيّات
Etouffer les libertés : التضييق على الحرّيّات
Violer / porter atteinte aux droits de l'homme :
انتهاك \ خرق حقوق الإنسان
La dissuasion : الردع
Mettre en garde : حذّر – يحذّر – تحذير
Avertir : أنذر – ينذر – إنذار
Intimider / faire peur : التخويف
Les moyens de pression : وسائل الضغط
Exercer des pressions : ممارسة ضغوط

Menacer / adresser des menaces / mettre en danger :
تهديد \ توجيه تهديدات لـ

Les forces de l'ordre :
قوى الأمن \ سلطات الأمن \ السلطات الأمنيّة

La police : الشرطة
Un policier : شرطيّ
Les policiers : رجال الشرطة
La police anti-émeutes : شرطة مكافحة الشغب
Exercer un contrôle policier strict : ممارسة \ رقابة بوليسيّة صارمة
Les services secrets : أجهزة الأمن
Le service de renseignements :
أجهزة الاستخبارات \ الأجهزة الاستخباراتيّة
Les renseignements généraux / le deuxième bureau :
المخابرات \ المباحث \ الاستخبارات
La sûreté de l'Etat : أمن الدولة \ الأمن الوطنيّ
Assurer la sécurité : إقرار الأمن
Consolider la sécurité : تعزيز الأمن
La sécurité nationale : الأمن القوميّ \ الوطنيّ
Un complot / une conspiration : مؤامرة
La théorie du complot : نظريّة المؤامرة
Déjouer un complot / faire échouer un complot :
إحباط مؤامرة \ إسقاط مؤامرة
Comploter : التآمر ضدّ
Prendre des mesures de sécurité draconiennes :
اتّخاذ إجراءات أمنيّة صارمة
Prendre des mesures arbitraires / répressives / coercitives :
اتّخاذ إجراءات \ تدابير قمعيّة \ تعسّفيّة
L'obsession / la frénésie / l'hystérie sécuritaire / la dérive sécuritaire : الهوس \ الهاجس الأمنيّ

I. La politique

Arrêter quelqu'un / emprisonner :
اعتقال \ توقيف \ إلقاء القبض على

Un prisonnier / qqn qui est emprisonné / un détenu :
معتقل – معتقلون \ سجين – سجناء

Une prison : سجن – سجون \ معتقل – معتقلات

Accuser : اتّهام \ توجيه الاتّهام إلى

Un accusé / un suspect : متّهم – متّهمون

Nier les accusations : نفي الاتّهامات

Un suspect / suspecté : مشتبه به \ متّهم

Soupçonner quelqu'un de ... : الاشتباه بـ

Etre impliqué dans / être complice de : الضلوع بـ \ التورّط بـ

La complicité / la duplicité / la connivence : التواطؤ مع

Libérer / relaxer : الإفراج عن \ إطلاق سراح

En contexte : les tensions politiques et sociales

Contester / protester

Des voix se sont élevées pour protester contre.

تعالت أصوات تحتجّ ضدّ.

Se défendre et défendre ses intérêts par des moyens pacifiques sans avoir recours à la violence.

الدفاع عن النفس وعن المصالح بوسائل سلميّة دون اللجوء إلى العنف.

Organiser des manifestations pour protester contre la politique du ...

تنظيم مظاهرات للاحتجاج على سياسة...

Organiser des rassemblements qui approuvent / qui soutiennent la politique de / qui dénoncent...

تنظيم تجمّعات تؤيد سياسة \ تنذّد بسياسة ....

Les protestations se sont étendues de façon nette.

توسّعت رقعة الاحتجاجات بشكل واضح.

Les forces de l'opposition ont appelé à une journée de désobéissance civile pour dénoncer le coût de la vie et la corruption.

دعت قوى المعارضة إلى المشاركة في يوم العصيان الشعبي للتنديد بالغلاء والفساد.

La société se compose de catégories, de courants, de croyances forcément / nécessairement divers, en concurrence voire en conflit.

يتكوّن المجتمع من فئات وتيّارات واعتقادات مختلفة بالضرورة، متنافسة بل ومتنازعة.

Refuser / rejeter toute forme de mise sous tutelle.

رفض كلّ أشكال الوصاية.

Réprimer

La police a procédé à un vaste coup de filet / à de vastes arrestations.

قامت الشرطة بحملة اعتقالات واسعة.

Les forces de l'ordre ont arrêté un certain nombre de personnes soupçonnées d'avoir des liens avec …

ألقت أجهزة الأمن القبض على عدد من الأشخاص يُشتبَه بعلاقاتهم بـ …

Approuver / soutenir les revendications populaires.

مناصرة \ دعم \ تأييد المطالب الشعبيّة.

Ceci constitue une menace / un danger pour la sécurité nationale.

وهذا يشكّل تهديداً للأمن القوميّ \ الوطنيّ.

I. La politique

Nuire à la réputation des militants / ternir / porter atteinte à.
التشهير بسمعة \ تشويه سمعة النشطاء.

Faire échouer les tentatives et les efforts que font les forces de la société civile.
إفشال المساعي التي تقوم بها قوى المجتمع المدنيّ.

La vie politique :
الحياة السياسيّة

L'action politique :
العمل السياسيّ

Une action politique / un travail politique :
عمل سياسيّ \ تحرّك سياسيّ – تحرّكات سياسيّة
Entreprendre une action politique :
القيام بعمل سياسيّ \ بتحرّك سياسيّ
Un processus politique : عمليّة سياسيّة \ مسار سياسيّ \ مسيرة سياسيّة
Un programme politique : برنامج سياسيّ – برامج سياسيّة
Le discours politique : الخطاب السياسيّ
La pensée politique : الفكر السياسيّ
Le jeu politique : اللعبة السياسيّة
Etablir / élaborer une politique : وضع \ صياغة سياسة
Ceux qui élaborent une politique... : واضع السياسة – واضعو السياسة
Suivre une politique / mettre en œuvre une politique :
إتّباع سياسة \ انتهاج سياسة \ نهج سياسة
Adopter une politique : اعتماد سياسة \ تبنّي سياسة
Elaborer une stratégie : صياغة إستراتيجيّة
Les décideurs / les preneurs de décision : صنّاع القرار
Mettre en œuvre un plan / appliquer un plan :
تطبيق \ تنفيذ خطّة \ مخطّط
Des mesures : تدابير \ خطوات \ إجراءات

Prendre des mesures : اتّخاذ إجراءات \ تدابير
Des démarches : خطوات
Prendre des initiatives positives : اتّخاذ خطوات إيجابيّة
Donner de vastes prérogatives à : إعطاء صلاحيّات واسعة لـ
Une option / un choix : خيار – خيارات
Une manœuvre politicienne : مناورة سياسيّة

La majorité et l'opposition :
الأغلبيّة والمعارضة

La majorité parlementaire : الغالبيّة \ الأغلبيّة البرلمانيّة \ النيابيّة
La majorité gouvernementale : الأكثرية \ الأغلبية الحكومية
La majorité (au Liban) : الموالاة
Un partenaire politique : شريك سياسي - شركاء سياسيون
Un partisan : مناصر – مناصرون \ مؤيد – مؤيدون \ موالٍ - موالون
Ceux qui approuvent la politique du … :
المناصرون \ المؤيدون لسياسة ...
Approuver la politique de … : تأييد سياسة \ مناصرة ...
Exercer le pouvoir : ممارسة السلطة \ الحكم
Exercer le pouvoir (contexte d'alternance) : تداول السلطة
Le chef de l'opposition : رئيس \ زعيم المعارضة
Un opposant politique : معارض سياسيّ – معارضون سياسيّون
Contester la politique du gouvernement / remettre en cause :
مناهضة سياسة الحكومة
Rencontrer des difficultés / faire face à des difficultés :
واجه صعوبات
Aplanir les difficultés : تذليل الصعوبات
Un adversaire politique : خصم سياسيّ - خصوم سياسيّون
Un ennemi : عدوّ – أعداء
Etre en étroit contact avec : هو على اتصال وثيق بـ

I. La politique

En contexte : la vie politique

Le conflit / la lutte qui se déroule entre les forces de l'opposition et la majorité.

الصراع القائم بين قوى المعارضة والأغلبيّة \ الأكثريّة.

Les forces de l'opposition refusent le statu quo dans le monde musulman contemporain.

قوى المعارضة ترفض الوضع القائم في العالم الإسلاميّ المعاصر.

Suivre une politique d'une très grande modération / très modérée.

إتّباع سياسة في غاية الاعتدال.

La dictature / la démocratie
الديكتاتوريّة والديمقراطيّة

La dictature
الديكتاتوريّة

La dictature / la tyrannie / le despotisme / l'autocratie / l'absolutisme : الاستبداد \ الديكتاتوريّة
Un despote / un dictateur / un oppresseur / un tyran : حاكم مستبدّ \ ديكتاتور \ طاغية – طغاة
Un régime autoritaire : نظام استبداديّ \ سلطويّ
Pouvoir absolu : حكم مطلق
Le totalitarisme : الشموليّة \ الكلّيانيّة
Un régime totalitaire : نظام شموليّ – أنظمة شموليّة
La bureaucratie : البيروقراطيّة
L'appareil / le système bureaucratique : الأجهزة البيروقراطيّة
Opprimer / oppression / répression / coercition : القمع
Domination / oppression / tyrannie : طغيان
Asservissement / coercition / répression : القهر \ التعسّف

Soumettre quelqu'un à quelque chose : أخضع – يُخضع – إخضاع
Obéir / se soumettre aux ordres : الامتثال \ الخضوع للأوامر \ إطاعة الأوامر
Se soumettre / obéir / obtempérer : الإذعان لـ \ الامتثال لـ
Obéir / se soumettre aux diktats de … : الإذعان \ الامتثال للإملاءات
L'injustice : الظلم
Injuste / inique : جائر \ ظالم
Le racisme / la discrimination raciale : العنصريّة \ التمييز العنصريّ

La démocratie :
الديمقراطيّة

Démocratisation : دمقرطة
Les normes du gouvernement démocratique : معايير الحكم الديمقراطيّ
Consolider / approfondir / renforcer la démocratie : تعزيز \ تعميق الديمقراطية \ ترسيخ
Soutenir la démocratie : دعم الديمقراطيّة
Réforme : إصلاح – إصلاحات
Réformer / effectuer des réformes : إجراء إصلاحات \ القيام بـ
Rénover : تجديد
Moderniser : تحديث
La pluralité politique : التعدّديّة السياسيّة
Etablir solidement / ancrer la pluralité politique : توطيد \ إرساء \ ترسيخ التعدّديّة السياسيّة
L'alternance du pouvoir : تداول السلطة
Les droits de l'homme : حقوق الإنسان
La laïcité : العلمانيّة
La séparation de l'Eglise et de l'Etat : فصل الدين عن الدولة
L'indépendance : الاستقلال
L'autonomie : الاستقلاليّة
La liberté : الحرّيّة
La question des libertés politiques : قضية الحرّيّات السياسيّة
Obtenir une marge de liberté : تحقيق هامش من الحرّيّة
Agir en étant libre : ممارسة الحرّيّة

I. La politique

En contexte : la dictature / la démocratie

La dictature :

Monopoliser / accaparer la direction de la vie sociale et politique.

احتكار القيادة السياسيّة والاجتماعيّة.

Au lieu du bon gouvernement, règnent l'autoritarisme, la répression, la corruption, l'incompétence et la misère sociale et économique.

بدلاً من الحكم الرشيد، يسود الاستبداد والقمع والفساد وانعدام الكفاءة، والبؤس الاجتماعيّ والاقتصاديّ.

Certains chercheurs sont prêts à montrer une certaine compréhension pour ne pas dire de la sympathie active pour ces mouvements radicaux sous prétexte que ceux-ci, dans les pays arabes avec des régimes gérés par des despotes, offrent un espace alternatif.

بعض الباحثين على استعداد لإظهار قدر من التفهّم إن لم نقل التعاطف الفعلي مع الحركات الإسلامية الراديكالية بحجة أنّ هذه الحركات تقدّم في البلاد العربية ذات الأنظمة التي يديرها الطغاة نوعاً من الفضاء البديل.

La démocratie

Le Qatar connaît un processus de modernisation et de démocratisation.

يشهد القطر عمليّة دمقرطة وتحديث.

La problématique de la démocratie dans la pensée politique arabe.

إشكاليّة الديمقراطيّة في الفكر السياسيّ العربيّ.

La relation difficile entre l'autorité politique et la société.

العلاقة الصعبة بين السلطة والمجمع.

Le problème de l'alternance du pouvoir politique dans les sociétés arabes.

مسألة تداول السلطة في المجتمعات العربيّة.

Des valeurs qui ont pris racine dans la culture arabe.

قيم تأصلت في الثقافة العربيّة.

Les idéaux démocratiques trouvent un écho de plus en plus grand chez certains penseurs islamistes.

تتزايد أهمّيّة المثل العليا الديمقراطيّة لدى بعض المفكرين الإسلاميّين.

La démocratisation a échoué.

فشلت عمليّة الدمقرطة.

La démocratisation a buté sur des obstacles.

تعثرت عمليّة الدمقرطة.

La politique internationale :
السياسة الدوليّة

Idéologies et principes :
إيديولوجيات ومبادئ السياسة الدوليّة

Les idéologies :
الإيديولوجيات

Une idéologie : إيديولوجية
Le fascisme : الفاشيّة
Le nazisme : النازيّة
Le totalitarisme : الشموليّة \ الكليانيّة
L'impérialisme : الإمبرياليّة
Le colonialisme : الاستعمار
Le mandat : الانتداب
Le progressisme : التقدّميّة
Les progressistes : التقدّميّون
La réaction (être réactionnaire / rétrograde) : الرجعيّة
Les réactionnaires : الرجعيّون
Le capitalisme : الرأسماليّة
Le libéralisme : الليبراليّة
Le néolibéralisme : الليبراليّة الجديدة
Les libéraux : الليبراليّون
Les conservateurs : المحافظون
Les néoconservateurs : المحافظون الجدد
Le marxisme : الماركسيّة
Le communisme : الشيوعيّة

Le socialisme : الاشتراكيّة
Le nationalisme : القوميّة
Le patriotisme : الوطنيّة
Le panarabisme : الوحدة العربيّة
L'arabité : العروبة
La Nahda / la renaissance arabe : النهضة العربيّة
Le fédéralisme : الفيدراليّة
Les partisans du fédéralisme : الفيدراليون \ مؤيّدو الفيدرالية

Les principes :
المبادئ

Un principe : مبدأ – مبادئ
Une valeur : قيمة – قيم
Les droits de l'homme : حقوق الإنسان
Les droits fondamentaux : الحقوق الأساسية للإنسان
Le droit des peuples à disposer d'eux-mêmes :
حقّ الشعوب في تقرير المصير
Des droits égaux : حقوق متساوية
Le respect mutuel : الاحترام المتبادل
La justice : العدل \ العدالة - عادل
L'équité : الإنصاف – منصف
L'injustice : الظلم - ظالم
L'iniquité : الجور – جائر
L'égalité : المساواة
La dignité de l'homme : كرامة الإنسان
La prospérité / opulence / confort de vie / aisance / bien-être :
الرخاء \ الرفاهية
L'objectivité / objectif : الموضوعيّة \ موضوعيّ
La neutralité / neutre : الحياد \ الحيادية \ محايد
Impartialité / impartial :
عدم الانحياز \ غير منحاز \ عدم التحيّز \ غير متحيّز
La partialité / prendre parti pour :
الانحياز لـ \ التحيّز لـ \ منحاز \ متحيّز

Relations internationales :
العلاقات الدوليّة

Généralités
اعتبارات عامّة

La communauté internationale : المجتمع الدوليّ
La scène internationale / le paysage international :
المشهد العالميّ \ الساحة العالميّة
La conjoncture internationale : الظروف الدوليّة
La solidarité internationale : التضامن الدوليّ
La coopération internationale : التعاون الدوليّ
Un monde bipolaire : عالم ثنائيّ القطب
Un monde unipolaire : عالم أحاديّ القطب
Un monde multipolaire : عالم متعدّد الأقطاب
Les grandes puissances : القوّة العظمى – القوى العظمى
Une zone d'influence : منطقة نفوذ – مناطق نفوذ

Les types de relations :
أشكال العلاقات

La coopération :
التعاون

Une alliance : تحالف \ حلف
Une coalition / une alliance : ائتلاف
Un allié : حليف – حلفاء
Les relations bilatérales : العلاقات الثنائيّة
Des relations pacifiques : علاقات سلميّة
Des relations cordiales : علاقات ودّية
Des relations fraternelles : علاقات أخويّة
Des relations de coopération : علاقات تعاون
Des relations (sur des bases) saines :
علاقات سليمة \ مبنيّة على أسس سليمة

Des relations d'amitié et de travail : علاقات صداقة وعمل
La détente : الانفراج
Assainir le climat entre … : … تنقية \ تصفية الأجواء بين
Les relations sont redevenues comme avant :
عادت العلاقات إلى سابق عهدها
La communauté internationale s'engage : يتعهّد المجتمع الدولي بـ
La communauté internationale respecte : يلتزم المجتمع الدولي بـ
Etablir des relations diplomatiques : إنشاء \ إقامة علاقات دبلوماسيّة
Effectuer une visite officielle / se rendre en visite officielle :
القيام بزيارة رسميّة \ بجولة رسميّة
Reporter la visite : إرجاء الزيارة
Effectuer une visite surprise : القيام بزيارة مفاجئة
Une visite historique à tous points de vue :
زيارة تاريخيّة بكل المقاييس
Effectuer une tournée : القيام بجولة
Un message / une lettre : رسالة – رسائل
Recevoir un message de … : تلقى رسالة من …
Un document : وثيقة – وثائق
Un document confidentiel / secret : وثيقة سرّية

La domination :
الهيمنة

Domination / oppression / tyrannie : طغيان
Domination / hégémonie / mainmise : هيمنة \ سيطرة \ التحكّم بـ
Domination / autorité / pouvoir : سلطان \ شوكة (peu utilisé)
Dominer le monde : السيطرة على العالم
L'hégémonie : الهيمنة
La suprématie / la supériorité : التفوّق
Toute-puissance / omnipotence / pouvoir absolu : جبروت (peu utilisé)
Agression / impétuosité : سطوة (peu utilisé)
Force / puissance : سلطان (peu utilisé)
La répression / l'oppression / la coercition / l'abus de pouvoir
القمع والتعسّف
La persécution : الاضطهاد

I. La politique

L'arrogance / la suffisance : العجرفة \ التعجرف \ التكبّر \ الكبرياء \ الغطرسة
Un regard condescendant / de supériorité : نظرة دونيّة
Un complexe d'infériorité : عقدة الدونيّة \ النقص
La politique du « deux poids deux mesures » : سياسة الكيل بمكيالين
La politique du double standard : سياسة ازدواجيّة المعايير
L'absence de transparence : غياب الشفافيّة

La guerre froide :
الحرب الباردة

Le camp de l'Est / de l'Ouest : المعسكر الشرقيّ \ المعسكر الغربيّ
Un bloc : كتلة – كُتل \ تكتّل - تكتّلات
Le non alignement : عدم الانحياز
Les pays non alignés : دول عدم الانحياز
Les pays du tiers-monde : دول العالم الثالث
L'Union soviétique / l'URSS : الاتّحاد السوفييتيّ
Le Kremlin : الكرملين
Le pacte de Varsovie : حلف وارسو
La chute du mur de Berlin : سقوط جدار \ حائط برلين
L'effondrement de l'URSS : انهيار الاتّحاد السوفييني

Le monde post guerre froide :
عالم ما بعد الحرب الباردة

L'OTAN (l'Organisation du traité de l'Atlantique Nord) : الحلف الأطلسيّ \ ناتو
La chute des régimes totalitaires : انهيار النظم \ الأنظمة الشموليّة
L'administration américaine : الإدارة الأمريكية
La Maison-Blanche : البيت الأبيض
Le Congrès : الكونجرس
Le Pentagone : البنتاجون

FBI : مكتب الاستخبارات الفدراليّ الأمريكيّ
Les néoconservateurs : المحافظون الجدد
Les faucons : الصقور
Les colombes : الحمائم
La tendance des Etats-Unis à être la seule grande puissance hégémonique :
نزعة الولايات المتّحدة أن تكون القوّة العظمى الوحيدة المهيمنة

En contexte : les relations internationales

La notion / le concept de la souveraineté de l'Etat demeure la principale question qui se pose dans le monde actuel.
إن مفهوم سيادة الدولة يبقى السؤال الرئيسيّ \ الرئيس الذي يطرح في عالمنا الراهن.

L'émergence d'un pouvoir mondial qui se substitue à la carte actuelle basée sur des états indépendants souverains.
بروز سلطة عالميّة تحلّ محلّ الخارطة الحاليّة القائمة على دول مستقلّة ذات سيادة

La zone arabe connaît / vit des changements radicaux dans les configurations politiques et militaires actuelles.
تشهد المنطقة العربيّة تغيّرات جذريّة في المعادلات السياسيّة والعسكريّة الراهنة.

I. La politique   45

Les relations diplomatiques :
العلاقات الدبلوماسيّة

Les acteurs diplomatiques
الفاعلون في مجال الدبلوماسيّة

La diplomatie :
الدبلوماسية

Un diplomate : دبلوماسي – دبلوماسيون
Une ambassade : سفارة – سفارات
Un ambassadeur : سفير – سفراء
Un consulat : قنصليّة – قنصليّات
Un consul : قنصل – قناصلة
Une délégation : وفد – وفود
Le chef de la délégation : رئيس الوفد
Les membres de la délégation : أعضاء الوفد
Un envoyé / un émissaire : مبعوث - مبعوثون \ موفد – موفدون
Un délégué : مندوب – مندوبون \ مفوض – مفوضون
Les parties concernées : الأطراف المعنيّة
Un participant : مشارك – مشاركون
Le porte parole de : ... الناطق بلسان \ ... المتحدث بلسان \ ... الناطق باسم

Les institutions internationales :
الهيئات \ المنظمات الدولية

La Société des Nations : عصبة الأمم (1920)
L'Organisation des Nations Unies : هيئة \ منظّمة الأمم المتّحدة
La Charte de l'ONU : ميثاق الأمم المتّحدة
Le Conseil de sécurité : مجلس الأمن
L'Assemblée générale de l'ONU : الجمعية العامّة للأمم المتّحدة
Le Secrétaire général de l'ONU : الأمين العام للأمم المتّحدة
Les agences de l'ONU : وكالات الأمم المتّحدة
Une résolution de l'ONU :
قرار - قرارات \ مقرَّر – مقرَّرات الأمم المتّحدة

Le veto / le droit de veto : حقّ النقض \ الفيتو
UNESCO : منظمة الأمم المتّحدة للتربية والعلوم والثقافة : اليونسكو
Le Haut-commissariat aux réfugiés : المفوّضية العليا للاجئين
Le Comité international de la Croix-Rouge (CICR) : لجنة الصليب الأحمر الدوليّة
L'Union européenne : الاتّحاد الأوروبيّ
La Commission européenne : المفوّضية الأوروبيّة
Le haut commissaire : المندوب السامي \ المفوّض السامي
Le commissaire européen : المفوّض الأوروبيّ
L'OTAN : الناتو \ الأطلنطيّ \ حلف شمال الأطلسيّ \
L'Agence internationale de l'énergie atomique (AIEA) : الوكالة الدوليّة للطاقة الذريّة
La Ligue arabe : الجامعة العربيّة
Le Conseil de Coopération du Golfe : مجلس التعاون الخليجيّ
L'Union du Maghreb arabe : اتّحاد دول المغرب العربيّ

L'action diplomatique :
العمل الدبلوماسيّ

La résolution stipule que ... : ينصّ القرار على ...
Des décisions : قرار – قرارات
Prendre des décisions : اتّخاذ قرارات
Une décision contraignante : قرار مُلزم
Des propositions / des motions : اقتراح – اقتراحات
Faire des propositions / présenter une motion : طرح \ تقديم اقتراحات
Des instructions : تعليمات
Des directives : توجيهات
Des recommandations : توصية – توصيات
Une déclaration : تصريح \ بيان \ إعلان
Il a déclaré dans un communiqué officiel : صرّح في بيان رسميّ
Elaborer une déclaration : صوغ \ صياغة بيان
Un amendement / une modification / un ajustement : تعديل – تعديلات
Introduire des modifications : إدخال تعديلات

I. La politique 47

Imposer des sanctions : فرض عقوبات
Lever les sanctions : رفع العقوبات
Imposer un embargo : فرض حصار
Lever l'embargo : رفع الحصار \ فك الحصار
Le boycott / le boycottage : المقاطعة

Les réunions :
الاجتماعات

Un sommet : قمّة
Dans les coulisses du sommet : في كواليس القمّة
Aux marges du sommet : على هامش القمّة
Une rencontre au sommet : اجتماع قمّة
Un forum : ندوة – ندوات \ منتدى – منتديات
Une rencontre : لقاء – لقاءات \ ملتقى – ملتقيات
Un colloque : حلقة نقاش \ منتدى \ ندوة
Un congrès / une conférence : مؤتمر
La conférence de désarmement : مؤتمر نزع السلاح
Une conférence / un discours : محاضرة
Faire un discours : ألقى كلمة \ خطاباً
Donner une conférence : إلقاء محاضرة
Organiser une conférence / un congrès : تنظيم مؤتمر – عقد مؤتمر
La conférence s'est tenue / s'est déroulée / a eu lieu :
انعقد المؤتمر – عُقد \ تمّ عقد المؤتمر
Une table ronde : طاولة مستديرة
La séance d'ouverture : الجلسة الافتتاحيّة
La séance de clôture : الجلسة الختاميّة
L'ordre du jour : جدول الأعمال
Etablir un calendrier : وضع جدول زمنيّ
Une conférence de presse : مؤتمر صحفيّ
Une interview : مقابلة صحفيّة

Les négociations :
مفاوضات

Entamer / engager des négociations : البدء بمفاوضات
Effectuer des négociations : إجراء مفاوضات
La reprise des négociations : استئناف المفاوضات
Se retirer des négociations : الانسحاب من المفاوضات
Les démarches diplomatiques : المساعي الدبلوماسيّة
Les bons offices : المساعي الحميدة
Les efforts visant à : المساعي الرامية إلى
Etablir des contacts : إجراء اتّصالات
Des pourparlers / des discussions : محادثات
Des tractations / des pourparlers : مباحثات
Faire / entamer / engager des pourparlers : إجراء محادثات
Examiner / plancher sur les divergences / les points de controverse : البحث في المواضيع الخلافية
Des délibérations / tractations / pourparlers : مداولات
Des discussions : مناقشات
La Commission a poursuivi ses discussions : استأنفت اللجنة مناقشاتها
Une initiative : مبادرة - مبادرات
Lancer une initiative : إطلاق مبادرة
Des consultations : استشارات
Un consensus : صيغة توفيقيّة
Un compromis : تسوية
Un accord tacite / un consentement tacite : موافقة ضمنيّة
Des points communs / des dénominateurs communs : قواسم مشتركة
Se mettre d'accord sur les grandes lignes : الاتفاق على الخطوط العريضة
Poser des conditions : فرض \ وضع شروط
Lever les obstacles : رفع العقبات
Résoudre les différends par des voies pacifiques : حلّ الخلافات بالوسائل السلميّة
Donner le feu vert : إعطاء الضوء الأخضر
Faire des concessions : قدّم تنازلات
Exercer des pressions : ممارسة ضغوط

I. La politique

Les traités :
المعاهدات

Un traité : معاهدة – معاهدات
Une convention / un traité : اتّفاقيّة
Une charte / un pacte : ميثاق – مواثيق
Un accord : اتّفاق \ اتّفاقيّة
Un protocole : بروتوكول
Une clause / un article / un point :
بند - بنود – نقطة – نقط \ مادّة – مواد
Adhérer à une convention : انضمّ إلى اتفاقيّة
Ratifier un traité : صادق على المعاهدة \ صدّق على
Signer un traité : التوقيع على المعاهدة
Un des signataires du traité : أحد موقعي المعاهدة
Etre partie à un traité : كان طرفاً في الاتفاقيّة
Appliquer une convention : طبّق اتفاقية \ نفّذ اتفاقية
Respecter / honorer ses engagements : الالتزام بتعهّداته
S'acquitter de ses obligations : القيام بالتزاماته

En contexte : les relations diplomatiques

Le dirigeant de la coalition chiite a déclaré que les négociations pour trouver un consensus ont abouti à des résultats satisfaisants :
أعلن القياديّ في الائتلاف الشيعيّ أنّ المفاوضات لإيجاد صيغة اتفاق وصلت إلى نتائج مرضية.

Il a entrepris des rencontres en marge du sommet :
أجرى لقاءات على هامش القمّة.

Résoudre / trouver une solution à la crise politique et humanitaire dans la région du Darfour, et trouver un consensus entre le gouvernement soudanais et la communauté internationale :

إيجاد حلّ للأزمة السياسيّة والإنسانيّة في إقليم دار فور والخروج بصيغة توفيقيّة بين الحكومة السودانيّة والمجتمع الدولي.

Les déclarations du président ont suscité un grand bruit médiatique :

أحدثت تصريحات الرئيس ضجّة إعلاميّة كبيرة.

L'émissaire de l'ONU accentue les pressions sur …

مبعوث الأمم المتّحدة يزيد الضغوط على...

La France va assurer la présidence de l'Union européenne au mois de juin prochain.

ستتولّى فرنسا رئاسة الاتّحاد الأوروبيّ في شهر يونيو القادم.

Crise / conflit / guerre :
أزمة \ صراع \ حرب

Instabilité, crise et conflit :
اضطراب \ أزمة \ صراع

L'instabilité :
الاضطراب

L'instabilité / le trouble : عدم الاستقرار \ الاضطراب
Un changement : تغيّر – تغيّرات
Une mutation / une transformation : تحوّل – تحوّلات
Un bouleversement / une fluctuation : تقلّب – تقلّبات
Le statu quo : الوضع القائم

I. La politique   51

Déstabiliser / ébranler : زعزعة الاستقرار
Menacer / mettre en danger la stabilité du pays : تهديد استقرار البلد
Le rapport de force : ميزان القوى – موازين القوى
Renverser les rapports de force : قلب موازين القوى

Une crise :
أزمة

Une crise : أزمة – أزمات
Une crise régionale : أزمة إقليميّة
Une crise humanitaire : أزمة إنسانيّة
Une crise politique aiguë : أزمة سياسيّة حادّة
L'aggravation de la crise : تفاقم الأزمة
Atténuer la crise : التخفيف من حدّة الأزمة
Enrayer la crise : الحدّ من الأزمة \ وضع حدّ للأزمة
Résoudre la crise : حلّ الأزمة \ إيجاد حلّ للأزمة \ تسوية الأزمة
Lancer une initiative pour régler la crise :
إطلاق مبادرة لتسوية الأزمة
Réussir / arriver à / parvenir à résoudre la crise actuelle :
التوصّل إلى حلّ الأزمة الراهنة
Des relations crispées : تشنّج \ توتّر في العلاقات
Décrisper les relations / apaiser les relations :
إزالة التشنّج \ التوتّر في العلاقات
Calmer le jeu / apaiser la situation : تهدئة الأوضاع

Un conflit :
نزاع

Un conflit : نزاع – نزاعات \ صراع – صراعات
Une lutte : صراع – صراعات
Une lutte armée : صراع مسلح – صراعات مسلحة

Les conflits / les luttes internes / intérieures : الصراعات الداخليّة
La discorde / des dissensions internes : فتنة – فتن
Les conflits cachés / invisibles : الصراعات الخفيّة
Les dissensions confessionnelles : النعرات الطائفيّة \ المذهبيّة
Les conflits ethniques ou raciaux : النزاعات الإثنيّة أو العرقيّة
Régler les conflits / mettre un terme aux conflits / résoudre le problème : فضّ النزاعات \ تسوية النزاعات

La guerre :
الحرب

Les types de guerres :
أنواع الحروب

Une guerre : حرب – حروب
Une bataille : معركة – معارك
Un combat : قتال
La rébellion / l'insurrection : التمرّد – العصيان
Un conflit armé : نزاع مسلح
Une guerre civile : حرب أهليّة
Une guerre confessionnelle : حرب طائفيّة
Une guérilla : حرب عصابات
Une guerre d'usure : حرب استنزاف
Une guerre préventive : حرب استباقية
Une guerre chimique : حرب كيمائيّة
Une guerre bactériologique : حرب جرثوميّة
Une guerre totale : حرب شاملة
Une guerre psychologique : حرب نفسيّة
La Première Guerre mondiale : الحرب العالميّة الأولى
La Deuxième Guerre mondiale : الحرب العالميّة الثانية
La guerre des Six-Jours (Israël – Pays arabes 1967) : حرب الأيّام الستّة \ حرب يونيو \ حري حزيران

I. La politique 53

La guerre du Kippour / d'Octobre (Israël - Pays arabes 1973) :
حرب يوم كيبور \ حرب أكتوبر \ حرب تشرين
La guerre froide : الحرب الباردة
La guerre du Golfe : حرب الخليج
Les guerres à venir : الحروب القادمة

L'armée :
الجيش

L'armée : جيش – جيوش
Un soldat : جندي – جنود
Un militaire : عسكريّ – عساكر
Un combattant :
مناضل – مناضلون \ مجاهد – مجاهدون \ مقاتل – مقاتلون
Un mercenaire : مرتزق – مرتزقة
Une milice : ميليشيا – ميليشيات
Désarmer les milices : نزع سلاح الميليشيات
Une bande armée : عصابة – عصابات مسلحة
Un insurgé / un rebelle : متمرّد – متمرّدون
Un officier : ضابط – ضبّاط
Le chef d'état-major : رئيس الأركان
La force militaire : القوّة العسكريّة
Les forces armées : القوّات المسلّحة
Les forces régulières : القوّات النظاميّة
Les forces gouvernementales : القوّات الحكوميّة
Les forces internationales : قوّات متعدّدة الجنسيّات
Les forces aériennes : القوّات الجويّة
L'aviation : الطيران
Les forces navales / les « marines » :
القوّات البحريّة \ القوّات البحريّة الأمريكيّة
Les forces terrestres : القوّات البريّة
Renforcer les forces militaires : تعزيز القوّات العسكريّة
Un convoi militaire : قافلة عسكريّة
Les troupes américaines : القوّات الأمريكيّة

Les armes :
الأسلحة

Un arsenal : ترسانة
Les armes : سلاح – أسلحة
Fournir des armes : التزويد بالسلاح
L'artillerie : المدفعيّة
Un canon : مدفع – مدافع
Le bruit des canons : دويّ المدافع
Un char : دبّابة – دبّابات
Un blindé : عربة مصفّحة – عربات مصفّحة
Une mine : لغم – ألغام
Miner : زرع الألغام
Un missile : صاروخ – صواريخ
Un missile à longue portée : صاروخ بعيد المدى \ طويل المدى
Lancer des missiles / des roquettes : إطلاق صواريخ على
Le bouclier anti-missiles : الدرع الصاروخيّ
Installer un système de défense anti-missiles américain : نشر منظومة دفاع صاروخيّة أمريكيّة
Le dossier nucléaire iranien : الملفّ النوويّ الإيرانيّ
L'énergie nucléaire / atomique : الطاقة النوويّة \ الذريّة
Effectuer des essais nucléaires : القيام بتجارب نوويّة
Un réacteur nucléaire : مُفاعل نوويّ
Enrichir l'uranium : تخصيب اليورانيوم
Le nucléaire civil : الطاقة الذريّة في المجال السلميّ \ المدنيّ
Une bombe : قنبلة – قنابل
Une bombe atomique : قنبلة ذريّة \ نوويّة
L'Agence internationale de l'énergie atomique (AIEA) : الوكالة الدوليّة للطاقة الذريّة
La prolifération des armes nucléaires : انتشار الأسلحة النوويّة
Interdiction des armes nucléaires : حظر الأسلحة النوويّة
Une bombe à fragmentation : قنبلة عنقوديّة
Les armes de destruction massive : أسلحة الدمار الشامل

# I. La politique

Faire la guerre :
المحاربة

Avoir recours à la guerre : اللجوء إلى الحرب
Utiliser la force : استخدام القوّة
Déclarer l'état d'urgence : إعلان حالة الطوارئ
Un front : جبهة – جبهات
Le champ de bataille : ساحة المعركة \ ميدان القتال
Déclarer la guerre : إعلان الحرب
Déclencher la guerre : شنّ الحرب
Le déclenchement de la guerre : اندلاع الحرب
Mener une guerre : خاض حربا
Livrer une bataille : خوض المعركة
Une attaque / une offensive : هجوم – هجمات
Lancer une offensive : شنّ هجوم
Effectuer une opération militaire : القيام بعمليّة عسكريّة
Déployer des forces : نشر قوّات
Envoyer des forces militaires supplémentaires : إرسال قوّات عسكريّة إضافيّة
Envoyer des renforts : إرسال تعزيزات
Tendre une embuscade à : نصب مكمن لـ \ كمين لـ
Un échange de coups de feu : تبادل إطلاق نار
Des accrochages : اشتباك – اشتباكات
Il y a eu de violents accrochages entre … : حصول \ وقوع اشتباكات عنيفة بين...
Des échauffourées : مناوشات
Un bombardement : قصف
Un bombardement massif : قصف مكثّف
Un bombardement aveugle : قصف عشوائيّ
Un raid / une incursion : غارة – غارات
Des raids aériens : غارات جويّة
Lancer des raids aériens : شنّ غارات جويّة
Une sirène d'alarme : صفّارة إنذار – صفّارات إنذار
Les sirènes ont retenti : دوّت صفّارات الإنذار
L'escalade militaire : التصعيد العسكريّ

La stratégie militaire :
الإستراتيجيّة العسكريّة – الإستراتيجيّات \ خطة – خطط عسكريّة
Une base militaire : قاعدة عسكريّة – قواعد عسكريّة
Installer / établir des bases militaires : إنشاء قواعد عسكريّة
Un prisonnier : سجين – سجناء \ معتقل – معتقلون
Un prisonnier de guerre : أسير – أسرى
Libérer un prisonnier de guerre :
الإفراج عن الأسير \ إطلاق سراح الأسير
Récupérer un prisonnier de guerre : استعادة أسير
Un échange de prisonniers de guerre : تبادل أسرى

Résister :
المقاومة

Résister / la résistance : قاوم – يقاوم – مقاومة
Un résistant : مقاوم – مقاومون \ رجال المقاومة
Le droit de la résistance à porter des armes :
حقّ المقاومة بحمل السلاح
La résistance opiniâtre : الصمود
Résister à / faire face à / contrer : التصدّي لـ
Le combat / la lutte : النضال \ الكفاح

Le terrorisme :
الإرهاب

Un terroriste : إرهابيّ – إرهابيّون
Un réseau terroriste : شبكة إرهابيّة – شبكات إرهابيّة
Un groupe terroriste : مجموعة إرهابيّة – مجموعات إرهابيّة
Al Qaïda : تنظيم القاعدة
Des activités terroristes : أنشطة إرهابيّة
Avoir recours au terrorisme : اللجوء إلى الإرهاب
Combattre le terrorisme : محاربة الإرهاب
La guerre contre le terrorisme : الحرب على الإرهاب

I. La politique

Lutter contre le terrorisme : مكافحة الإرهاب
Les événements du 11 Septembre :
أحداث الحادي عشر من سبتمبر \ أيلول
Les attentats du 11 Septembre : تفجيرات \ هجمات 11 من سبتمبر
L'axe du mal : محور الشرّ
Les Etats-voyous : الدول المارقة
Un attentat-suicide :
هجمة انتحاريّة – هجمات انتحاريّة \ عمليّة انتحاريّة – عمليّات انتحاريّة
Une voiture piégée : سيّارة مفخّخة \ ملغومة
Des événements sanglants : أحداث دامية
Un assassinat : عمليّة اغتيال
Etre impliqué dans l'assassinat de : التورّط \ الضلوع في اغتيال
Il a été la cible d'une tentative d'assassinat / il a été victime d'une tentative d'assassinat : تعرّض لمحاولة اغتيال
Il a échappé à une tentative d'assassinat : نجا من محاولة اغتيال
Menacer la sécurité de l'Occident : تهديد الأمن الغربيّ

Gagner / perdre la guerre :
الانتصار | الانهزام

Gagner / remporter la victoire :
الانتصار \ تحقيق النصر \ إحراز النصر
Gagner la bataille : حسم المعركة
Remporter une victoire décisive : تحقيق انتصار حاسم
Victorieux : منتصر – منتصرون
Vainqueur : غالب – غالبون
Vaincu : مغلوب
Une défaite : هزيمة – هزائم
Une défaite / une déroute : انهزام
Subir une défaite : مني بهزيمة
Défait : مهزوم – مهزومون \ منهزم – منهزمون
Ni vainqueur, ni vaincu : لا غالب ولا مغلوب

Les pertes humaines et les dégâts matériels :
الخسائر البشريّة والأضرار المادّيّة

Les pertes humaines :
الخسائر البشريّة

Tuer : قتل – يقتل – قتل
Etre tué : قُتل
Mourir : مات – يموت – الموت
Mourir : لقي مصرعه \ لقي حتفه
Un mort : قتيل – قتلى
La mort (violente) : مقتل
Les dépouilles / les corps : جثمان – جثامين \ رُفات
Un martyr : شهيد – شهداء
Etre tué en martyr : استشهد – يستشهد – استشهاد
Un blessé : جريح – جرحى
Etre blessé : أصيب بجراح
Etre grièvement blessé : أصيب بجراح بليغة
Les souffrances : معاناة
Survivre : بقي على قيد الحياة
Etre sauvé / échapper à : نجا – ينجو – نجاة من
Viser des civils : استهداف مدنيّين

Les dégâts matériels :
الأضرار المادّيّة

Les pertes matérielles : خسائر مادّيّة
Subir des pertes / des dégâts / essuyer des pertes : تكبّد خسائر \ تعرّض لخسائر
Subir de lourdes pertes : تكبّد خسائر فادحة \ جسيمة
Provoquer / causer / occasionner des dégâts considérables : ألحق أضرارًا بالغة
Détruire : تدمير
Destructions : دمار وخراب
Des effets destructeurs : آثار مدمّرة
Une catastrophe / un désastre : كارثة – كوارث

I. La politique

Un malheur / une tragédie : مصيبة \ مصائب \ مأساة – مآس (المآسي)
Une situation catastrophique / lamentable / déplorable / tragique : وضع – أوضاع مأساويّة
La politique de la terre brûlée : سياسة الأرض المحروقة
Les horreurs de la guerre : ويلات الحرب
Sous les décombres : تحت الأنقاض

Les crimes de guerre :
جرائم الحرب

Un crime : جريمة – جرائم
Un criminel de guerre : مجرم حرب
Commettre des crimes de guerre : ارتكاب جرائم حرب
Un massacre : مذبحة – مذابح \ مجزرة – مجازر
Commettre des massacres / perpétrer des massacres : ارتكاب مجازر
Commettre un crime / un massacre : ارتكاب جريمة \ مجزرة
Un génocide : إبادة جماعيّة \ إبادات
Une épuration ethnique : تطهير اثني \ تنظيف عرقيّ
Un crime contre l'humanité : جريمة ضد الإنسانيّة

En contexte : la guerre

Faire la guerre

Avoir recours à la guerre comme moyen de régler les conflits ou terminer les crises.

اللجوء إلى الحرب كوسيلة لحلّ النزاعات أو فضّ الأزمات.

Le porte-parole du gouvernement afghan a déclaré que les forces gouvernementales avaient tué au moins 15 éléments des « Talibans » à la suite d'une embuscade tendue à un convoi militaire.

أعلن الناطق باسم وزارة الدفاع الأفغانيّة أنّ القوّات الحكوميّة قتلت 34 عنصراً على الأقلّ من عناصر طالبان في معارك تلت نصب مكمن لقافلة عسكريّة.

L'embuscade qui a coûté la vie à dix soldats français a rappelé aux Français que l'Afghanistan était toujours en guerre sept ans après l'intervention des troupes américaines.

إنّ المكمن \ الكمين الذي أودى بحياة عشرة جنود فرنسيّين جاء ليذكّر الفرنسيّين أنّ أفغانستان ما زالت في حالة حرب بعد مرور سبعة أعوام على تدخّل القوّات الأمريكيّة.

Le terrorisme

L'Occident se trompe sur la nature de la menace à laquelle s'exposent les sociétés occidentales.

يسيء الغرب فهم طبيعة التهديد الذي تتعرّض له المجتمعات الغربيّة.

L'explosion d'une voiture piégée devant l'ambassade indienne à Kaboul a causé la mort de 58 personnes.

أدّى انفجار سيّارة مفخّخة أمام السفارة الهنديّة في كابل \ كابول إلى مقتل 58 شخصاً.

Un groupe terroriste a osé frapper au cœur de l'Amérique :

مجموعة إرهابيّة تجرّأت على ضرب قلب أمريكا.

Tous les terroristes ne sont pas des intégristes religieux.

ليس كلّ الإرهابيّين متشدّدين دينيّاً.

Les attentats d'Alger ressemblent aux méthodes des insurgés en Irak.

تفجيرات الجزائر مشابهة لأساليب المتمرّدين في العراق.

I. La politique   61

Les pertes et dégâts

Le développement technologique dans les pays avancés laisse présager que les guerres à venir auront des effets destructeurs à long terme sur l'ensemble de l'humanité.

لقد أنذر التطوّر التكنولوجيّ في الدول المتقدّمة بأن الحروب القادمة ستكون ذات آثار مدمّرة بعيدة المدى على البشريّة جمعاء.

Sauver / épargner les générations futures des horreurs de la guerre.

إنقاذ الأجيال القادمة من ويلات الحرب .

La paix :
السلام

Faire la paix :
إقرار السلام

La paix : السلام
Un traité de paix : معاهدة سلام
Un cessez-le-feu : وقف إطلاق النار
Instaurer un cessez-le-feu : فرض وقف إطلاق النار
L'arrêt des combats : وقف القتال
Désarmer / désarmement : نزع السلاح
Une trêve : هدنة
Une trêve fragile : هدنة هشّة
Accepter la trêve : قبول الهدنة
Calmer / apaiser : التهدئة
Calmer la situation : تهدئة الأوضاع
Soutenir la paix : دعم \ تدعيم السلام

Les forces internationales :
القوّات الدوليّة

Les forces de maintien de la paix : قوّات حفظ السلام
Les forces de dissuasion : قوّات الردع
La force d'intervention rapide : قوّة التدخّل السريع
Les forces de l'OTAN : قوّات الحلف الأطلسيّ
ISAF : القوّة الدوليّة المساعدة (على إرساء الأمن في أفغانستان)

La justice internationale :
القضاء الدوليّ | القانون الدوليّ | العدالة الدوليّة | الشرعية الدولية

Le Tribunal pénal international : المحكمة الجنائيّة الدوليّة
Accuser : توجيه تهمة إلى
Arrêter : اعتقال
Poursuivre un criminel de guerre : ملاحقة مجرم حرب
Comparaître devant un tribunal : المثول أمام محكمة \ القضاء
Punir : معاقبة
Une sanction : عقاب – عقوبات
Echapper aux sanctions : الإفلات من العقاب

Le conflit israélo-arabe :
النزاع | الصراع العربيّ الإسرائيليّ

La géographie :
الجغرافيا

Jérusalem : القدس
La Cisjordanie : الضفة الغربية
La bande de Gaza : قطاع غزة
Ramallah : رام الله
Hébron : الخليل
Les territoires occupés : الأراضي المحتلة

I. La politique 63

Le Jourdain : نهر الأردنّ
Tel-Aviv : تل أبيب
Israël : إسرائيل

Eléments historiques :
عوامل تاريخية

L'Holocauste : المحرقة
L'antisémitisme : معاداة السامية
Le protocole des sages de Sion : بروتوكولات حكماء صهيون
La Terre promise : أرض الميعاد \ الأرض الموعودة
Le peuple élu : الشعب المختار
La Nakba / la catastrophe / le désastre : النكبة (la guerre de 1948)
La guerre des Six-Jours : حرب الأيام الستّة (la guerre de 1967)
La défaite / l'humiliation : النكسة (la guerre de 1967)
La guerre du Kippour : حرب أكتوبر \ تشرين (la guerre de 1973)

La politique palestinienne :
السياسة الفلسطينيّة

L'Autorité palestinienne : السلطة الفلسطينيّة
Le Hamas / le mouvement de résistance islamique : حماس \ حركة المقاومة الإسلامية
Le Fatah : حركة فتح
L'Organisation de libération de la Palestine (OLP) : منظمة تحرير فلسطين
La cause palestinienne : القضيّة الفلسطينيّة
Les « pays de la confrontation » : بلدان المجابهة
Les pays voisins / les pays limitrophes : دول الجوار
Le front du refus : جبهة الرفض
Les factions palestiniennes : الفصائل الفلسطينيّة
Un mouvement sécessionniste / de scission / de dissidence : حركة انفصاليّة \ حركات الانشقاق والانقسام

La politique israélienne :
السياسة الإسرائيليّة

L'Etat hébreu : الدولة العبريّة
La Knesset : الكنيست
Le sionisme : الصهيونيّة

Le conflit :
النزاع

L'occupation : الاحتلال
Les forces de l'occupation : قوّات الاحتلال
Une armée d'occupation : جيش احتلال
Un déplacé : نازح – نازحون
Un réfugié : لاجئ – لاجئون
Les camps de réfugiés : مخيّم – مخيّمات اللاجئين
Le droit des réfugiés au retour : حقّ اللاجئين بالعودة
Les colonies : مستوطنة – مستوطنات
La colonisation : الاستيطان
Construire des colonies : إنشاء مستوطنات
Etendre les colonies : توسيع المستوطنات
Réactiver la colonisation : تنشيط \ إنعاش الاستيطان
La résistance : المقاومة
L'Intifada : الانتفاضة
Un attentat suicide : هجوم انتحاريّ – هجمات انتحاريّة
Un kamikaze : انتحاريّ – انتحاريّون
Le mur de séparation : الجدار الفاصل
Un check-point : حاجز – حواجز
Un passage : عبر – معابر

Le processus de paix :
عمليّة السلام \ مسيرة السلام

Les accords de Camp David : اتفاقيّات كامب ديفيد
Les accords d'Oslo : اتفاقيّات أوسلو \ صلح أوسلو
La « feuille de route » : خارطة الطريق

I. La politique

Le quartet : الرباعيّة
Evacuer : إخلاء \ إجلاء المستوطنات
Evacuer des sites de colonies sauvages :
إخلاء مواقع استيطانيّة عشوائيّة
Le retrait des forces : سحب القوات \ انسحاب القوات
Un retrait unilatéral : انسحاب أحاديّ الجانب
Le retrait unilatéral d'Israël de la bande de Gaza :
انسحاب إسرائيليّ أحاديّ الجانب من قطاع غزة
Garantir la paix : ضمان السلام
Une initiative de paix : مبادرة سلام
Réactiver l'initiative de paix : تفعيل مبادرة السلام
Faire avancer le processus de paix : دفع مسيرة السلام إلى الأمام
Etablir / instaurer la paix : إقرار السلام
L'option de la paix : خيار ـ خيارات السلام
Une paix juste, globale et durable : سلام عادل وشامل ودائم
Détruire / saboter le processus de paix : تدمير \ نسف عمليّة السلام
Liquider le problème : تصفية القضيّة
Régler / le règlement du problème palestinien :
تسوية \ حل القضيّة الفلسطينيّة
Normaliser les relations : تطبيع العلاقات
La paix des braves : سلام الشجعان

En contexte : le conflit israélo-arabe

Le règlement du problème des réfugiés palestiniens.
تسوية مسألة اللاجئين الفلسطينيّين.

Etablir un Etat indépendant.
إقامة \ إنشاء دولة مستقلّة.

Normaliser les relations entre les pays arabes et Israël en échange du retrait de l'Etat hébreu des territoires occupés depuis 1967.

تطبيع العلاقات بين إسرائيل والدول العربية مقابل انسحاب الدولة العبرية من الأراضي الفلسطينيّة التي احتلّتها منذ عام 1967.

Affirmer l'option de la paix juste, globale et durable.

تأكيد خيار السلام العادل والشامل والدائم.

Régler / mettre fin aux conflits par des moyens pacifiques.

فضّ النزاعات بالطرق \ بالسبل السلمية.

Le ministre des Affaires Extérieures a lancé une nouvelle initiative pour la paix.

أطلق وزير الخارجيّة مبادرة سلام جديدة.

Le processus de paix a achoppé / a buté contre / a échoué.

تعثّرت عمليّة السلام.

Construire un nouveau regroupement de colonies comportant 20 unités d'habitation pour loger des familles qui ont été évacuées de la colonie …

إنشاء تجمّع استيطانيّ جديد يتضمّن 20 وحدة سكنية لإسكان عائلات تمّ إجلاؤها من مستوطنة...

I. La politique   67

Religion et politique :
السياسة والدين

Islam et islamisme :
الإسلام والإسلام السياسيّ والإسلامويّة

Un musulman (une personne de confession musulmane) :
مسلم – مسلمون
Musulman (adjectif – concerne une personne) : مسلم
Islamique (adjectif – concerne un concept ou un objet) : إسلاميّ
La civilisation islamique : الحضارة الإسلاميّة
L'islamisme : التطرّف \ التشدّد الإسلامي \ الإسلاموية
Un islamiste (domaine politique) : إسلاميّ \ إسلاموي
Le discours islamiste : الخطاب الإسلاميّ \ الإسلاموي

L'Islamisme politique :
الإسلام السياسيّ

L'extrémisme : التطرّف \ التشدّد
L'intégrisme : التشدّد
Le fanatisme : التعصّب \ التشدد
L'outrance / l'exagération / l'extrémisme : الغلوّ
Le fondamentalisme : الأصوليّة – الأصوليّات
Le radicalisme : الراديكاليّة
Le fondamentalisme islamiste / le salafisme : السلفيّة
Les salafistes : سلفيّ – سلفيّون
Jihad / guerre « sainte » : الجهاد
Les jihadistes : جهاديّ – جهاديّون
Déclarer le jihad : إعلان الجهاد
La guerre sainte : الحرب المقدّسة
Une croisade : حرب صليبيّة – حروب صليبيّة
Le confessionnalisme : الطائفيّة
Attiser les dissensions confessionnelles : تأجيج النعرات الطائفيّة

Atiser les discordes et les conflits civils destructeurs :
إشعال الفتن والصراعات الأهليّة
La confrérie des Frères musulmans : جماعة الإخوان المسلمين
Les mouvements islamistes radicaux : الحركات الإسلاميّة الراديكاليّة
Les groupes islamistes armés : الجماعات الإسلاميّة المسلّحة
Un discours religieux radical hostile à l'Occident :
خطاب دينيّ راديكاليّ \ متشدّد معادٍ للغرب
Instrumentaliser la religion au service d'objectifs politiques :
توظيف الدين لأغراض سياسيّة
Un avis juridique : فتوى – فتاوى
Promulguer des avis juridiques islamiques : إصدار فتاوٍ
Jeter l'anathème sur / excommunier / exclure : التكفير
Les mouvements d'exclusion : الحركات التكفيريّة
Ternir / dénaturer / déformer l'image de l'Islam en Occident :
تشويه صورة الإسلام في الغرب
Diffamer : ... \ النيل من سمعة \ التشهير بـ
Améliorer l'image de : تحسين صورة الإسلام
Rectifier l'image de : تصحيح صورة الإسلام
Modifier l'image de : تعديل صورة الإسلام
Redorer le blason de : تلميع صورة
La tolérance : التسامح
Une religion tolérante : دين متسامح \ سَمِح
Le refus de toute forme de terrorisme et d'extrémisme :
رفض كل أشكال الإرهاب والغلو والتطرّف
La présence de l'Islam en Occident : حضور الإسلام في الغرب
Les courants extrémistes essayent de justifier le recours à la violence comme instrument indispensable au nom de la guerre sainte, sachant que toutes les religions à travers l'histoire ont exercé la violence d'une manière ou d'une autre.

إن التيّارات الدينيّة المتطرّفة تحاول تبرير اللجوء إلى العنف كأداة لا غنى عنها باسم الحرب المقدّسة، علماً بأن كل الأديان عبر التاريخ مارست العنف بشكل أو بآخر.

L'économie

La planète finance :
عالم المال

La banque :
المصرف

L'organisation de la banque :
تنظيم المصرف

Une banque : مصرف – مصارف \ بنك – بنوك – أبناك
Un établissement bancaire : مؤسّسة مصرفيّة – مؤسّسات مصرفيّة
Le secteur bancaire : القطاع المصرفيّ
Un banquier : مصرفيّ – مصرفيّون
Un conseil d'administration : مجلس إدارة
Un directeur général : مدير عامّ
Un président-directeur général / un PDG : رئيس مدير عامّ
Un directeur exécutif : مدير تنفيذيّ
Un directeur par intérim : مدير بالوكالة
Un sous-directeur : نائب مدير
Un directeur régional : مدير إقليميّ

Le fonctionnement de la banque :
آليّات المصرف

L'activité bancaire : النشاط المصرفيّ
Une succursale de la banque / une agence bancaire : فرع البنك – فروع البنك
Une carte de crédit : بطاقة ائتمان
Une caisse automatique : صرّاف آليّ
Un compte bancaire : حساب مصرفيّ

II. L'économie

Crédit disponible / soldes / réserve : رصيد - أرصدة
Un déposant : مودع - مودعون
Retirer les dépôts : سحب الودائع

L'épargne :
الادّخار

L'épargne : ادّخار – توفير
Les épargnes : المدّخرات
Un épargnant : مدّخر – مدّخرون
Les petits épargnants : صغار المدّخرين
La caisse d'épargne : صندوق التوفير \ الادّخار

Le crédit :
ائتمان

Un crédit : اعتماد \ تسليف \ ائتمان
Un système de crédit : نظام ائتمان
Un prêt / un emprunt : قرض - قروض
Un prêt immobilier / un prêt hypothécaire :
قرض عقاريّ   قروض عقاريّة
Une hypothèque : رهن - رهون
Prêter / accorder un crédit / octroyer un crédit :
أقرض – يقرض – إقراض \ منح قرض
Un prêteur / un créancier : مُقرِض – مُقرِضون \ دائن – دائنون
Emprunter : اقترض – يقترض – اقتراض
Demander un emprunt / souscrire un emprunt : اقتراض
Un emprunteur : مقترض – مقترضون
Les institutions de crédit : مؤسّسات الإقراض
Contrôler / maîtriser les opérations de crédit :
ضبط العمليّات الائتمانيّة
Un microcrédit :
قرض متناهي الصغر - قروض متناهية الصغر \ قرض صغير جدًّا
La durée d'un emprunt : مدّة \ أمد القرض

Emprunteur : مستقرض – مستقرضون \ مقترض – مقترضون
Une dette / une créance : دين – ديون
Un débiteur : مدين
Une échéance : استحقاق – استحقاقات
Une traite / une mensualité : قسط – أقساط
Payer des mensualités : دفع أقساط
Un retard de paiement : تأخّر في دفع الأقساط
Un endettement : مديونيّة
Rembourser une dette / honorer ses dettes : تسديد الدين

Les banques d'investissement :
المصارف الاستثماريّة

Financer / financement : تمويل
Refinancement : إعادة تمويل
Un investissement : استثمار – استثمارات
Un investisseur : مستثمر – مستثمرون
Attirer les investissements : جذب \ استقطاب الاستثمارات
Accaparer / capter les investissements : استئثار الاستثمارات
Monopoliser : احتكار
Un taux d'intérêt : سعر الفائدة
Une valeur : قيمة
Une valeur ajoutée : قيمة مضافة
Un capital : رأس مال \ رأسمال – رساميل
Une capitalisation : رسملة
Les actifs / les fonds : الأصول
Les avoirs : الموجودات \ الأصول
Les actifs financiers : الأصول الماليّة
La gestion des fonds et des investissements :
إدارة الأصول والاستثمارات
La liquidité : السيولة
Injecter des liquidités : ضخّ سيولة
Un produit financier : منتَج ماليّ – منتَجات ماليّة
Une transaction financière : صفقة ماليّة
Une commission : عُمولة

II. L'économie

Une spéculation : مضاربة
Une souscription : اكتتاب
Une fusion : عمليّة دمج \ اندماج
Une acquisition / un rachat : عمليّة تملّك
Une fusion acquisition : عمليّة اندماج وتملّك
Une opération publique d'achat (OPA) : عملية استحواذ

Les autres institutions financières :
المؤسّسات الماليّة \ المنشآت الماليّة

Les fonds d'investissement :
الأصول الاستثماريّة – الصناديق الاستثماريّة \ صناديق الاستثمار
Les « fonds de pension » : صناديق التقاعد \ المعاشات
Les « hedge funds » / les fonds d'investissement à risque :
صناديق التحوّط
Les fonds souverains :
الصناديق السياديّة \ صناديق الثروات السياديّة \ صناديق الاستثمار المملوكة للدول
Les agences de notation financière : وكالات التصنيف الماليّ
Il a perdu son excellente notation AAA :
خسر تصنيفه الائتمانيّ الممتاز(أأأ)
Un établissement de crédit / financement :
شركة \ مؤسّسة ائتمان \ تمويل
Les compagnies d'assurance : شركات التأمين
Les acteurs financiers / les opérateurs :
المتعاملون الماليّون \ المتداولون الماليّون
Les milieux financiers : الأوساط الماليّة
Un analyste : محلّل – محلّلون
Un courtier / un intermédiaire / un trader :
وسيط ماليّ – وسطاء ماليّون – سمسار – سماسرة
Un cabinet d'audit : شركة تدقيق \ مراجعة

En contexte : la banque

La banque « Investcorp » spécialisée dans la gestion des fonds et des investissements alternatifs a annoncé ses résultats pour l'exercice 2007 – 2008. Ces résultats ont montré un recul des bénéfices par rapport au niveau record enregistré lors de l'année financière précédente.

أعلن بنك "إنفستكورب" المصرف المتخصّص في إدارة الأصول والاستثمارات البديلة عن نتائجه للسنة الماليّة 2007 \ 2008 التي أظهرت تراجع أرباحه عن المستوى القياسيّ المسجّل في السنة الماليّة السابقة.

Quatre pays ont capté près de la moitié des revenus des souscriptions internationales.

استأثرت أربع دول على نحو نصف عائدات الاكتتابات العالميّة.

La banque a réalisé des profits nets de 151 millions de dollars.

حقق المصرف أرباحاً صافية بلغت 151 مليون دولار.

La banque a attiré un nombre record d'investissements : les sommes captées pour financer les investissements ont bondi de 36% pour atteindre 5 milliards de dollars.

لقد جذب المصرف عدداً قياسيّاً من الاستثمارات، إذ قفزت قيمة المبالغ المستقطبة لتمويل الاستثمارات 36% إلى 5 بليون دولار.

La banque a signé un accord de partenariat avec un fonds d'investissement souverain du Golfe, actif sur les marchés financiers mondiaux.

وقع المصرف اتفاق شراكة مع أحد صناديق الاستثمار السياديّة الخليجيّة الناشطة في الأسواق الماليّة العالميّة.

La banque a investi 438 millions de dollars dans trois opérations d'acquisition / de rachat.

قام المصرف باستثمار 438 مليون دولار في ثلاث عمليّات تملّك.

II. L'économie

La Bourse :
البورصة

Fonctionnement de la Bourse :
آليّات البورصة

La Bourse / une place boursière : البورصة – البورصات
Le secteur financier : القطاع الماليّ
Les marchés financiers : الأسواق الماليّة
La conjoncture internationale : الظروف العالميّة \ الظروف الدوليّة
Les échanges boursiers / les transactions :
التداولات \ التعاملات \ المعاملات
Une action boursière : سهم – أسهم
Le marché des actions : سوق الأسهم
Le cours de l'action / la cotation de l'action : سعر السهم
La valeur de l'action : قيمة السهم
La valeur nominale : القيمة الاسميّة
Emissions d'actions : إصدار أسهم
Un actionnaire / un porteur (d'action) :
مساهم – مساهمون \ حامل سهم – حَمَلَة أسهم
Un indice / un indicateur : مؤشّر \ مؤشّر قياسيّ
Un indice boursier : مؤشّر – مؤشّرات البورصة
Les indices boursiers / les indicateurs boursiers :
مؤشّرات البورصة
Le volume des échanges boursiers : حجم تداولات البورصة
Les opérateurs : المتعاملون \ المتداولون
Des valeurs / titres : أوراق ماليّة
La Bourse des valeurs : بورصة الأوراق الماليّة
Un portefeuille de titres : حافظة \ محفظة أوراق ماليّة \ سندات
L'émission de valeurs : إصدار أوراق ماليّة
L'émission de valeurs à long terme / à court terme :
إصدار أوراق ماليّة طويلة الأجل \ قصيرة الأجل
Une obligation : سند – سندات
La clôture de la Bourse : إغلاق \ اختتام \ إقفال البورصة

Les prix à la clôture : أسعار الإقفال
Un bénéfice / profit / gain : ربح - أرباح \ مكسب – مكاسب
Réaliser des bénéfices : تحقيق أرباح
Une prise de bénéfice : جني الأرباح
Les performances de la Bourse : أداء البورصة

Quelques indices boursiers internationaux
مؤشّرات بعض البورصات العالميّة

Le CAC 40 : مؤشر كاك 40 (باريس)
Eurofirst (Bourse européenne) : مؤشر يوروفرست
L'indice Dax (Bourse de Francfort) : مؤشّر داكس (بورصة فرانكفور)
Footsie (Londres) : مؤشر فوتسي (لندن)
Ibex-35 (Bourse de Madrid) : مؤشر إبكس (مدريد)
Le Dow Jones (la Bourse de Wall Street à New York) : مؤشر داو جونز (نيو يورك)
Le Nasdaq (Bourse électronique de New York) : مؤشر ناداك (بورصة نيو يورك الإلكترونية)
AMEX – American stock exchange (New York) : مؤشر أمكس (نيو يورك)
Nikkei (Tokyo) : مؤشر نيكي (طوكيو)

En contexte : la Bourse

La Bourse a enregistré une activité remarquable.
سجّلت البورصة نشاطًا ملحوظًا.

L'indice Dow Jones a clôturé sur un recul de 12.26 points.
أقفل \ أغلق \ أنهى مؤشّر داو جونز متراجعًا 12.26 نقطة.

II. L'économie

L'indice Ibex-35 de la bourse de Madrid enregistre la plus forte baisse de son histoire.
يسجّل مؤشّر إبيكس في مدريد أعلى نسبة تراجع في تاريخه.

Les crises financières :
الأزمات الماليّة

La crise boursière :
أزمة البورصة

Les inquiétudes :
القلق

L'inquiétude : قلق
Il a exprimé son inquiétude : أعرب عن قلقه
Inquiet : قلق – قلقون
Des incertitudes / des questionnements : تساؤلات
La nervosité : التوتّر
Les tensions : التوتّرات
L'instabilité sur les places boursières : عدم استقرار البورصات
Les turbulences / les perturbations : الاضطرابات
Des rumeurs : إشاعة – إشاعات \ شائعة – شائعات
Des rumeurs de baisse : إشاعات عن تراجع
Le moral : معنويّات
Déception : خيبة أمل
Des craintes : مخاوف
La peur : الخوف
Une panique : هلع \ ذعر \ فزع
Un contexte / une situation / un état de panique : حالة من الهلع والذعر
Redouter : تخشى \ تتخوّف من

Les bouleversements des marchés financiers : تقلّبات الأسواق الماليّة
Optimisme / pessimisme : تفاؤل \ تشاؤم
Stabilité : استقرار
Un climat de calme prudent : جوّ من الهدوء الحذر
Fixer / stabiliser : تثبيت
Rassurer les Bourses : تعزيز الاطمئنان في البورصة
Retrouver le calme : استعادة الهدوء
Rassurer les marchés : ـ إعادة الثقة للأسواق
Restaurer la confiance : تطمين \ طمأنة الأسواق
Retrouver la confiance : استعادة الثقة
Les marchés réagissent bien à : تتفاعل الأسواق إيجاباً \ إيجابياً مع
Les marchés réagissent mal : تتفاعل الأسواق سلباً
Les marchés guettent les nouvelles : تترقب الأسواق الأنباء

La baisse :
الانخفاض

Baisser : انخفض ـ ينخفض ـ انخفاض
Etre en baisse : في انخفاض
Reculer : تراجع ـ يتراجع ـ تراجع
Etre en recul / en repli / en retrait : في تراجع
Perdre / céder : خسِر ـ يخسَر ـ خسارة
Enregistrer des pertes record : تسجيل خسائر قياسيّة
Subir des pertes : تعرّض لخسائر
Enregistrer son plus bas niveau : سجّل أدنى مستوياته
Chuter : هبَط ـ يهبِط ـ هبوط \ هوى ـ يهوي
Chuter / plonger / dégringoler / dévisser :
هوى ـ يهوي \ تهاوى ـ يتهاوى ـ تهاو (التهاوي)
S'effondrer / plonger / dégringoler / dévisser :
انهار ـ ينهار ـ انهيار \ تدهور ـ يتدهور ـ تدهور
L'effondrement des marchés financiers : انهيار الأسواق الماليّة
Un krach : انهيار
Une tempête boursière : عاصفة في البورصات
La Grande Dépression : الكساد الكبير
Le Jeudi noir : الخميس الأسود

La crise des subprimes et du crédit :
أزمة القروض العقاريّة الأمريكيّة العالية المخاطر وأزمة الائتمان

Le secteur de l'immobilier :
قطاع العقار \ العقارات \ القطاع العقاري

Le marché de l'immobilier : سوق العقار \ العقارات
Un bien immobilier : عقار – عقارات
Loger / logement : إسكان
Un logement (lieu d'habitation) : مسكن – مساكن (مكان للإقامة)
Une maison : منزل – منازل
Un appartement : شقة – شقق
Un établissement de crédit immobilier : مصرف عقاريّ
L'investissement immobilier : الاستثمار العقاريّ
Faire des opérations d'investissement immobilier : تنفيذ عمليّات استثمار عقاريّة
Acquérir / acheter un bien immobilier : اقتناء \ شراء عقار
La valeur marchande d'un bien immobilier : القيمة السوقيّة لعقار
Le prix du logement : سعر المسكن – أسعار المساكن
Un loyer : إيجار – إيجارات
La valeur locative : القيمة الإيجاريّة
Une agence immobilière : مكتب عقاريّ – مكاتب عقاريّة
Un agent immobilier / un courtier : سمسار – سماسرة
La crise du logement : أزمة الإسكان
Traiter la crise du logement : معالجة أزمة الإسكان

La crise immobilière américaine :
أزمة العقار الأمريكيّة

La crise de l'immobilier : أزمة العقار \ العقارات
La bulle immobilière : الفقاعة العقاريّة
Une hypothèque : رهن - رهون
Le marché hypothécaire : سوق الرهون العقاريّة \ القروض العقاريّة \ سوق الدين العقاريّ
La crise des prêts hypothécaires : أزمة الرهن العقاريّ \ الرهون العقاريّة

Faire faillite : أفلس – يفلس – إفلاس
Une faillite : حالة إفلاس
Etre en état de faillite : هو في حالة إفلاس
Payer des mensualités : دفع أقساط
Un retard de paiement : تأخّر في دفع الأقساط
Les engagements des emprunts : التزامات القروض
Tenir ses engagements : الوفاء بالتزاماته
Les prêts à haut risque :
التسليفات العالية المخاطر \ القروض العالية المخاطر
Les subprimes : القروض العقاريّة الأمريكيّة العالية المخاطر
Refinancer (les banques) : إعادة تمويل
Refinancement des banques : التمويل المصرفيّ
Les sources de financement se sont taries : جفّت منابع التمويل
La configuration du secteur immobilier : معادلة القطاع العقاريّ
La crise se propage : امتداد \ انتشار الأزمة

La crise du crédit
أزمة الائتمان

Une crise du crédit : أزمة ائتمان
Le marché du crédit : سوق الائتمان \ سوق التسليف \ سوق التمويل
Une crise du mauvais crédit : أزمة تمويل \ ائتمان رديء
Une crise de liquidité : أزمة سيولة
Injecter des liquidités : ضخّ سيولة
Recul des liquidités sur le marché du crédit :
تراجع مستويات السيولة في أسواق الائتمان

En contexte : les crises financières

La crise boursière

Les inquiétudes
Il y a des craintes concernant la croissance mondiale.
هناك مخاوف بشأن النموّ الاقتصاديّ.

II. L'économie

Les marchés redoutent l'éventualité d'une baisse de la croissance plus forte que prévue ou d'un krach.
تتخوّف الأسواق من احتمال حصول تراجع أكبر من المتوقع للنمو الأمريكيّ، أو احتمال حصول انهيار.

La seule chose qui fasse bouger le marché, c'est la peur.
الشيء الوحيد الذي يحرّك السوق هو الخوف.

Il a exprimé son inquiétude face à la récession américaine et son éventuel effet sur l'Europe.
أعرب عن قلقه \ مخاوفه إزاء الانكماش الاقتصاديّ في الولايات المتّحدة وتأثيره المحتمل على أوروبا.

Les tensions persistent sur les marchés financiers.
التوتّرات ما زالت سائدة في الأسواق الماليّة.

Les marchés américains réagissent mal.
الأسواق الأمريكيّة تتفاعل سلبيّاً \ سلباً.

Les Bourses ont ouvert sur de mauvaises nouvelles.
فتحت البورصات أبوابها على أنباء سيّئة.

Les analystes ont déclaré que la dégradation du moral des investisseurs face aux perspectives économiques américaines est le résultat de leur déception par rapport au plan de relance du président Bush.
قال المحلّلون إنّ تراجع معنويّات المستثمرين إزاء آفاق الاقتصاد الأمريكيّ ناجم عن خيبة أملهم في خطّة الإنعاش التي أعلنها الرئيس بوش.

Le plan de relance américain reçoit un accueil mitigé.
تم استقبال خطّة الإنعاش الأمريكيّة بفتور.

Les turbulences financières ne seront que passagères et circonscrites.
الاضطرابات الماليّة لن تكون إلا عابرة ومحدودة.

Les turbulences devraient se terminer sans krach.
من المقترض أن تتوقف \ تنتهي الاضطرابات دونما انهيار.

La baisse

Le marché de Sao Paolo a connu un recul de 7,16 %.
شهد سوق ساو باولو في البرازيل تراجعا بنسبة 7.16%.

La Bourse est repartie à la baisse.
تراجعت البورصة من جديد \ عادت البورصة من جديد إلى التراجع.

La Bourse a cédé 1,18 %.
خسرت \ فقدت البورصة 1.18% من قيمتها.

Tokyo termine sur une dégringolade.
تنهي طوكيو في انهيار.

Shanghai a vu son indice dégringoler, et passer sous le seuil des 4 800 points.
شهد مؤشّر شانغهاى تراجعا حادًّا متخطّيًا عتبة 4800 نقطة.

L'indice de Doha a subi des pertes considérables.
تعرّض مؤشّر الدوحة لخسائر حادّة.

Les Bourses mondiales ont enregistré une très forte chute pour la deuxième journée consécutive après les pertes record d'hier.
سجّلت البورصات العالميّة هبوطًا حادًّا لليوم الثاني على التوالي بعد خسائرها القياسيّة أمس.

La crise des subprimes et du crédit

La Banque centrale européenne a affirmé qu'elle assurerait l'ensemble des engagements de crédit des banques de la zone euro.

أكّد البنك المركزيّ الأوروبيّ أنه يتحمّل كافة الالتزامات الائتمانيّة للبنوك في منطقة اليورو.

Un emprunteur sur sept dans le secteur avait un retard de paiement des traites immobilières / des mensualités de plus de deux mois.

واحد من سبعة مقترضين في القطاع كان متأخّراً في دفع أقساط عقاريّة لأكثر من شهرين.

Les loyers des logements vont connaître une baisse sensible dans les douze prochains mois à cause de l'augmentation de l'offre.

ستشهد إيجارات المساكن انخفاضاً ملحوظاً في الشهور الإثني عشر المقبلة بسبب تزايد العرض.

Le marché de l'immobilier à Dubaï subit des spéculations excessives.

سوق العقارات في دبيّ تواجه مضاربات مُفرطة.

La décision du gouvernement britannique de garantir / de protéger les dépôts rassure les milieux financiers et les épargnants. /

قرار الحكومة البريطانيّة حماية الودائع يريح الأوساط الماليّة والمدّخرين.

La monnaie :
العملة \ النقد

Une devise : عملة صعبة – عملات صعبة \ عملة أجنبية \ عملة نادرة
Les principales monnaies : العملات الرئيسية
Le dollar / le billet vert : الدولار \ الورقة الخضراء
L'euro / la monnaie unique européenne :
اليورو \ العملة الأوروبية الموحّدة
Le secteur monétaire : القطاع النقديّ
Le marché monétaire : سوق النقد \ سوق الأوراق الماليّة
Le marché des changes : سوق الصرف \ سوق القطع
Le taux de change / la cotation des monnaies :
سعر صرف العملات – أسعار صرف العملات
Le taux nominal des changes : القيمة الاسميّة للنقود
L'instabilité de la monnaie : عدم استقرار العملة
La dévaluation de la monnaie :
تخفيض قيمة النقد \ إنقاص قيمة النقد
La baisse de la monnaie : هبوط العملة
Le recul de la monnaie : تراجع العملة
Affaiblir la monnaie : إضعاف العملة
La hausse de la monnaie : صعود العملة \ ارتفاع العملة

En contexte : la monnaie

Baisse

Des rapports internationaux critiques affaiblissent l'euro.
بيانات دولية سلبيّة تُضعف اليورو.

L'euro baisse face au billet vert dans les échanges dans les Bourses asiatiques.
انخفاض اليورو مقابل الورقة الخضراء في التداولات في البورصات الآسيويّة.

Le yen a atteint son plus bas niveau depuis huit ans face à la livre sterling et au franc suisse.

انخفض الين إلى أدنى مستوياته في ثماني سنوات أمام الإسترلينيّ والفرنك السويسريّ.

Le dollar a reculé devant la monnaie japonaise.

تراجع الدولار أمام \ مقابل العملة اليابانيّة.

Hausse

L'euro a gagné 0.7 % pour atteindre 1.3970 dollars.

صعد اليورو 0.7 % إلى 1.3970 دولاراً.

Le dollar a connu une forte hausse face à l'euro.

شهد سعر الدولار ارتفاعاً قويّاً مقابل اليورو.

Le taux de change de la monnaie unique européenne a bondi pour atteindre le seuil de 1.26 dollars.

قفز سعر صرف العملة الأوروبيّة الموحّدة ليلامس عتبة الـ 1.26 دولاراً.

La hausse de la guinée égyptienne face au dollar.

ارتفاع الجينيه المصريّ أمام \ مقابل الدولار.

Stabilité

Le yen s'est stabilisé face à l'euro.

استقرّ الين مقابل اليورو.

Un climat de calme prudent règne sur le marché monétaire.

يسود سوق القطع جوّ من الهدوء الحذر.

Les tensions sur le billet vert se sont atténuées sur les marchés de change mondiaux.

انحسرت الضغوط على الورقة الخضراء في أسواق القطع العالميّة.

La mondialisation économique
العولمة الاقتصاديّة

Généralités :
اعتبارات عامّة

Les pays et les régions :
البلدان والمناطق

La mondialisation / la globalisation : العولمة
Mondialisé : مُعَوْلم
Le Nord / le Sud : الشمال \ الجنوب
Les pays développés : البلدان المتطوّرة \ المتقدّمة
Les pays industrialisés / industriels : البلدان المصنّعة \ الصناعيّة
Les pays émergents : البلدان الصاعدة \ البلدان الناشئة
Les pays riches : البلدان الغنيّة \ الثريّة
Les pays / les régions les plus riches
البلدان الأكثر ثراءً \ المناطق الأكثر ثراءً
Les pays du tiers-monde : بلدان العالم الثالث
Les pays les moins avancés (PMA) : البلدان الأقلّ تقدّماً
Les pays sous-développés : البلدان المتخلفة
Les pays en voie de développement / sous-développés : الدول النامية
Les pays défavorisés / pauvres : البلدان الفقيرة
Les pays / les régions les plus pauvres :
المناطق الأكثر فقراً \ البلدان الأكثر فقراً
La région subsaharienne : مناطق أفريقيا جنوب الصحراء الكبرى
La Corne d'Afrique : القرن الإفريقيّ

II. L'économie

Les organismes économiques internationaux :
الهيئات الاقتصاديّة الدوليّة

L'Organisation des Nations-Unies : هيئة الأمم المتّحدة
Le Programme des Nations-Unies pour le développement : برنامج الأمم المتّحدة الإنمائيّ
L'Organisation Mondiale du Commerce (OMC) : منظّمة التجارة العالميّة
Le Fonds Monétaire International : صندوق النقد الدوليّ
La Banque Mondiale : البنك الدوليّ
La Banque Internationale pour la Reconstruction et le Développement (BIRD) : البنك الدوليّ للإنشاء والتعمير
L'Organisation de Coopération et de Développement économique (OCDE) : منظّمة التعاون والتنمية الاقتصاديّة \ منظّمة التعاون الاقتصاديّ والتنمية
Le Bureau International du Travail (BIT) : مكتب العمل الدوليّ
L'Agence pour l'alimentation et l'agriculture (FAO) : منظّمة الزراعة والأغذية
Le Programme alimentaire mondial : برنامج التغذية الدوليّ
L'Organisation Mondiale de la Santé (OMS) : منظّمة الصحّة العالميّة
Le Forum économique mondial (Davos) : المنتدى الاقتصاديّ العالميّ
Le G8 : مجموعة الثماني
Le Forum social mondial : المنتدى الاجتماعيّ العالميّ
Le Forum de coopération économique d'Asie et du Pacifique : منتدى التعاون الاقتصاديّ لآسيا والمحيط الهادي
L'Organisation des Pays Exportateurs de Pétrole (OPEP) منظّمة الدول المصدّرة للنفط (أوبيك)

Les négociations internationales :
المفاوضات الدوليّة

Les négociations internationales : المفاوضات الدوليّة
Des négociations multilatérales : مفاوضات متعدّدة الأطراف
Les accords bilatéraux régionaux : الاتفاقات الثنائيّة الإقليميّة
Entamer des négociations / engager : البدء بمفاوضات \ إجراء مفاوضات
Un cycle de négociations : جولة من المفاوضات
Reprendre les négociations : استئناف المفاوضات
Continuer les négociations : استمرار المفاوضات
Intensifier les efforts pour faire avancer les négociations : مضاعفة الجهود لتحريك المفاوضات
Faire aboutir les négociations / faire réussir les négociations : إنجاح المفاوضات
Se retirer des négociations : الانسحاب من المفاوضات
La réussite de la conférence : نجاح المؤتمر
Rapprocher les points de vue divergents : تقريب وجهات النظر المختلفة
Un consensus : تسوية \ نصّ تسوية
Régler les problèmes en suspens : تسوية القضايا العالقة
Parvenir à un accord acceptable pour toutes les parties : التوصّل إلى اتفاق يقبل به كلّ الأطراف
Un désaccord : خلاف – خلافات
Un fiasco : فشل ذريع
L'échec de la conférence : فشل المؤتمر
La conférence a capoté : فشل المؤتمر فشلاً ذريعاً
Une délégation : وفد – وفود
Les membres de la délégation : عضو الوفد – أعضاء الوفد
Un délégué / un émissaire : موفد – موفدون \ مرسل – مرسلون
Un représentant : ممثّل – ممثّلون
Le représentant américain pour le commerce : ممثّل التجارة الأمريكيّ
Le commissaire européen pour le commerce : المفوّض الأوروبيّ للتجارة
Les membres de l'organisation : عضو – أعضاء المنظمة

II. L'économie

L'organisation réunit x membres : تضمّ المنظمة ... عضواً
Faire partie de / être membre de l'OMC :
الانتماء إلى منظمة التجارة العالميّة
Adhérer à : الانضمام إلى \ الانضمام إلى عضويّة
Un round / un cycle : جولة – جولات
Lancer un nouveau round de négociations commerciales multilatérales : إطلاق جولة تجاريّة جديدة لمفاوضات متعدّدة الأطراف
Une session / un cycle : دورة – دورات
Le cycle de Doha : دورة الدوحة
L'ordre du jour : جدول الأعمال
Un agenda / un calendrier : جدول زمنيّ
Etablir un agenda : وضع جدول زمنيّ
La séance d'ouverture / d'inauguration : الجلسة الافتتاحيّة
L'ouverture de la conférence : افتتاح المؤتمر
La clôture de la conférence : اختتام المؤتمر
La séance de clôture : الجلسة الختاميّة
A la fin de la conférence : في ختام المؤتمر
La déclaration finale : البيان الختاميّ

En contexte : généralités

La cinquième conférence ministérielle de l'Organisation mondiale du commerce (OMC) s'ouvre le …
سيتمّ افتتاح المؤتمر الوزاريّ لمنظمة التجارة العالميّة يوم...

La conférence termine ses travaux lundi matin.
يختتم المؤتمر أعماله صباح يوم الاثنين.

Les réunions de l'OMC arrivent à leur terme sans qu'aucun signe annonçant une probable réussite n'apparaisse.
تقترب اجتماعات منظمة التجارة العالميّة من نهايتها من دون ظهور أيّة بوادر تعلن احتمال نجاح المؤتمر.

Le projet de déclaration finale constitue une base acceptable de discussion.

إنّ مشروع البيان الختاميّ يشكّل قاعدة مقبولة للنقاش.

La Chine n'est pas encore membre de l'OMC.

لا تنتمي الصين بعد إلى منظّمة التجارة العالميّة.

La Chine demande son adhésion à l'OMC.

تطلب الصين الانضمام إلى عضويّة منظّمة التجارة العالميّة.

Assister à la conférence en tant qu'observateur.

حضور المؤتمر بصفة مراقب.

Le représentant américain pour le commerce a rencontré les représentants des pays d'Amérique latine et d'Afrique.

التقى الممثّل الأمريكيّ للتجارة بممثّلي دول أمريكا اللاتينيّة وأفريقيا.

Les désaccords entre pays riches et pays en développement persistent.

الخلافات بين الدول الغنيّة والدول النامية ما زالت مستمرّة.

Le ministre du Commerce égyptien a considéré que les propositions présentées sont insuffisantes pour parvenir à un accord acceptable par toutes les parties, dans la mesure où le maintien de la position des pays du Nord empêche les pourparlers d'aboutir si bien qu'il devient impossible pour les pays en voie de développement d'accepter les idées du Nord.

اعتبر وزير الخارجيّة المصريّ أنّ الاقتراحات المعروضة غير كافية للتوصّل إلى اتفاق يقبل به جميع الأطراف بحيث أنّ عدم تعديل موقف دول الشمال يجعل المحادثات تدور في حلقة مفرغة، إذ يستحيل أن توافق البلدان النامية على أفكار الشمال.

II. L'économie   91

Mondialisation et antimondialisation
العولمة ومناهضة العولمة

L'impact de la mondialisation :
تأثير العولمة

L'impact de la mondialisation sur le système économique :
تأثير العولمة على النظام الاقتصاديّ

Des mutations économiques : تحوّلات اقتصاديّة

Renverser l'équilibre des forces de l'économie mondiale :
قلب موازين القوى في الاقتصاد العالميّ

Révolutionner l'équilibre des forces économiques :
إحداث انقلاب في موازين القوى الاقتصاديّة

Les dimensions politiques, sociales et culturelles de la mondialisation économique :
الأبعاد السياسيّة والاجتماعيّة والثقافيّة للعولمة الاقتصاديّة

Changer radicalement un grand nombre de notions économiques traditionnelles courantes :
إحداث تغيير جذريّ في كثير من المفاهيم الاقتصاديّة التقليديّة السائدة

Aspects négatifs de la mondialisation :
الجوانب السلبيّة للعولمة

Produire des effets sociaux négatifs : إفراز آثار اجتماعيّة سيّئة

Des tensions et des déséquilibres sociaux :
اختلالات وتوتّرات اجتماعيّة

La dissolution des liens sociaux : انحلال الروابط الاجتماعيّة

La dégradation / la dislocation des relations familiales :
تفكّك العلاقات الأسريّة

L'augmentation de la violence et de la criminalité :
ارتفاع معدّلات العنف والجريمة

La mondialisation injuste, qui détruit les équilibres sociaux et écrase les faibles, est une mondialisation sans avenir :
العولمة غير العادلة التي تُخلّ بالتوازنات الاجتماعيّة وتسحق الضعفاء عولمة لا مستقبل لها

Imaginer / concevoir un monde intégré :
تصوّر مجتمع عالمي مندمج

Le « village planétaire » : القرية الكونيّة
L'intégration dans l'économie mondiale :
الاندماج في الاقتصاد العالميّ
L'intégration des pays dans le processus de mondialisation :
اندماج الدول في مسيرة العولمة
Tous les pays du monde ont intérêt à s'intégrer dans ce courant : من صالح كلّ دول العالم الاندماج في هذا التيّار
L'interpénétration des intérêts économiques :
تشابك المصالح الاقتصاديّة \ تداخل المصالح الاقتصاديّة
Des intérêts contradictoires : مصالح متضاربة
Une plus grande connexion entre les différentes activités économiques : ترابط أكبر في مختلف النشاطات الاقتصاديّة
L'accentuation des interactions : تزايد حدّة علاقات التأثّر والتأثير
L'inéluctabilité de l'ouverture : حتميّة الانفتاح

II. L'économie

L'alter mondialisme / l'antimondialisme :
مناهضة العولمة

Les alter mondialistes / antimondialistes : مناهضو العولمة
Le Forum social mondial : المنتدى الاجتماعيّ العالميّ
La domination / l'hégémonie de l'économie occidentale : هيمنة الاقتصاد الغربيّ
La suprématie : التفوّق
Des revendications : مطلب – مطالب
Des contestations / des protestations : احتجاجات
Brandir des pancartes / des banderoles : رفع لافتات
Crier des slogans : الهتاف بشعارات

En contexte : mondialisation et antimondialisation

Impact de la mondialisation

L'économie mondiale est confrontée à des mutations très importantes qui génèrent tantôt des bonds énormes vers une situation de productivité et d'opulence, tantôt des déséquilibres économiques, des tensions sociales, et des bouleversements financiers importants.

يواجه الاقتصاد العالميّ تحوّلات بالغة الأهمّيّة، تنجم عنها تارةً قفزات هائلة نحو وضع يتّسم بالإنتاجيّة والرخاء، وتتسبّب تارةً في اختلالات اقتصاديّة وتوتّرات اجتماعيّة وتقلّبات ماليّة حادّة.

Altermondialisme

Le Forum social mondial est un mouvement composé de syndicats, d'associations et de personnalités politiques qui se réunissent chaque année pour faire le point sur leurs expériences. Son slogan est : « un autre monde est possible ».

المنتدى الاجتماعيّ العالميّ هو حركة مؤلفة من نقابات وجمعيّات وشخصيّات سياسيّة تلتقي كل سنة لتقييم تجاربها وشعارها " عالم آخر ممكن".

Au départ, le Forum social mondial a vu le jour à Porto Alegre pour constituer un pôle concurrençant le Forum économique mondial qui se tient, depuis 1971, dans la station suisse de Davos.

نشأ المنتدى الاجتماعيّ العالميّ في الأساس لتشكيل قطب منافس للمنتدى الاقتصاديّ العالميّ الذي ينعقد في منتجع دافوس السويسريّ منذ عام 1971.

Les antimondialistes ont organisé une manifestation de protestation où ils réclament un système économique plus juste, qui prenne mieux en compte les intérêts des pays en développement.

نظّم مناهضو العولمة مظاهرة احتجاج يطالبون فيها نظاماً اقتصاديًّا أكثر عدالة ومراعاة لمصالح الدول الفقيرة.

Les ONG altermondialistes, qui observent de près ce qui se passe, considèrent que le Nord oblige le Sud à entrer dans un jeu de poker.

المنظمات غير الحكوميّة المناهضة للعولمة التي تراقب عن كثب ما يجري، فإنّها ترى أنّ الشمال يُجبر الجنوب على الدخول في لعبة بوكر.

Les grandes puissances se souviennent encore du fiasco de la conférence de Seattle aux États-Unis en 1999.

ما زالت الدول الكبرى تتذكر الفشل الذريع الذي شهده مؤتمر سياتل بالولايات المتّحدة عام 1999.

II. L'économie

Economie et immigration :
الاقتصاد والهجرة

La migration :
الهجرة

Migrer (sans précision de direction) :
هاجر – يهاجر – هجرة - مهاجرة
Emigrer : هاجر – يهاجر – هجرة
Immigrer : هاجر – يهاجر – هجرة
Un émigré / émigrant / immigré / migrant : مهاجر – مهاجرون
Les vagues de migration : موجات الهجرة
La main-d'œuvre étrangère : العمالة الأجنبيّة
La main-d'œuvre locale : العمالة المحلية
Le pays d'origine : بلد المنشأ \ بلدان الأصل
Le pays d'accueil : بلد الاستقبال
Un exode : نزوح
Des déplacés : نازح – نازحون
L'immigration légale : الهجرة الشرعيّة
L'immigration régulière : الهجرة المظاميّة
L'immigration illégale : الهجرة السريّة \ الهجرة غير الشرعيّة
Un passeur : حرّاق – حرّاقون
Les « radeaux de la mort » : قوارب الموت

Le projet euro-méditerranéen :
المشروع اليورو متوسّطي

Géographie – partenaires :
جغرافيا – الشركاء

« L'Union pour la méditerranée » : الاتّحاد من أجل المتوسّط
Le bassin méditerranéen : حوض البحر الأبيض المتوسّط
Les deux rives de la Méditerranée : ضفتيّ المتوسّط

Les pays méditerranéens : الدول المتوسّطيّة
Les pays du sud de la Méditerranée : ول جنوب المتوسّط
Les pays du nord de la Méditerranée : دول شمال المتوسّط
Les pays voisins / les pays limitrophes : دول الجوار
La politique du voisinage : سياسة الجوار
L'Union européenne (UE) : الاتّحاد الأوروبيّ
La Commission européenne : المفوّضيّة الأوروبيّة
Le commissaire européen : المفوّض الأوروبيّ
Bruxelles : بروكسل
Le processus de Barcelone : عمليّة برشلونة

Le projet :
المشروع

Fonder : تأسيس
Etablir un partenariat : إرساء \ إنشاء \ إقامة شراكة
Créer un secrétariat général permanent : إنشاء أمانة دائمة
Un accord d'association / de partenariat : اتّفاق شراكة
La coopération : التعاون
S'inscrire dans le cadre de … : يندرج في إطار...
Promouvoir le projet : الترويج للمشروع
Favoriser le développement solidaire : تعزيز التنمية التضامنيّة
Consolider les relations bilatérales : ترسيخ العلاقات الثنائيّة
Etablir des relations privilégiées : إنشاء علاقات مميّزة
Consolider la coopération régionale : تدعيم التعاون الإقليميّ

Fonctionnement :
الآليّات

Le mécanisme / le fonctionnement : آليّة – آليّات
Faire fonctionner : تشغيل
Un obstacle : عقبة – عقبات \ عراقيل

II. L'économie

En contexte : économie et immigration

Renforcer la lutte contre l'immigration illégale.
تعزيز مكافحة الهجرة غير الشرعيّة.

Réguler les mouvements migratoires par la concertation :
إدارة \ ضبط حركات الهجرة بالتشاور والتنسيق.

Ouvrir le territoire français à l'immigration professionnelle.
فتح الأراضي الفرنسيّة أمام الهجرة المهنيّة.

Le projet euro-méditerranéen

Le nouveau partenariat que Sarkozy promeut entre l'Europe et les pays du sud du bassin méditerranéen s'inscrit dans le cadre du projet « l'Union pour la Méditerranée ».
تندرج الشراكة الجديدة التي يروّج لها ساركوزي بين أوروبا ودول جنوب حوض المتوسّط في إطار مشروع < الإتّحاد من أجل المتوسّط>.

Le projet vise à / a pour but d'établir solidement des partenariats plus dynamiques entre les deux rives de la Méditerranée.
يهدف \ يرمي المشروع إلى إرساء شراكات أكثر ديناميكيّة \ حيويّة وفعّالية بين ضفتيّ المتوسط.

La Tunisie s'est tournée vers l'Union européenne dans le cadre de l'accord d'association qui a abouti, en janvier 2008, au libre-échange des biens industriels.
توجّهت تونس نحو الاتّحاد الأوروبيّ في إطار اتفاق الشراكة الذي أدّى إلى التبادل الحرّ للسلع الصناعيّة في يناير \ كانون الثاني 2008.

Paris va proposer à la Tunisie d'obtenir la technologie nucléaire civile, en vertu d'un accord cadre de coopération entre les deux pays.
سنقترح \ ستعرض باريس على تونس إمكانيّة الحصول على التكنولوجيا النوويّة المدنية بموجب اتفاق إطار للتعاون بين البلدين.

Si les partenaires européens de la France n'ont rejoint le projet de Sarkozy qu'après y avoir introduit des modifications majeures, la Tunisie a approuvé tout de suite / aussitôt l'initiative.

وإن كان شركاء فرنسا الأوروبيّين لم ينضموا إلى مشروع ساركوزي إلا بعد إدخال تعديلات كبرى عليه، إلا أن تونس أيّدت المبادرة على الفور.

L'économie de marché :
اقتصاد السوق

Capitaux et investissements :
رؤوس الأموال والاستثمارات

Les capitaux : رؤوس الأموال \ الرساميل
Le flux des capitaux : تدفق رؤوس الأموال
La libre circulation des capitaux : التنقل الحرّ لرؤوس الأموال
L'accumulation des capitaux : التراكم الرأسماليّ
L'intégration financière : الاندماج الماليّ
Les investissements directs étrangers (IDE) : الاستثمارات الأجنبيّة المباشرة.
Les pays donateurs : الدول المانحة
Le financement : تمويل
Des incitations à l'investissement : الحوافز الاستثماريّة
L'investissement local : الاستثمار المحلّي

Le libre-échange :
التبادل الحرّ

Le commerce mondial / international : التجارة العالميّة \ الدوليّة
Les échanges commerciaux : المبادلات \ التبادلات التجاريّة
Le volume des échanges : حجم التبادل \ حجم التبادلات

II. L'économie

Le flux des marchandises : تدفق السلع والبضائع
La coopération commerciale : التعاون التجاريّ
Développer la coopération : تطوير التعاون
Intensifier la coopération : تكثيف التعاون
Consolider la coopération : تعزيز التعاون
La complémentarité économique : التكامل الاقتصاديّ
Le marché commun arabe : السوق العربيّة المشتركة
La zone arabe de libre-échange : منطقة التجارة الحرّة العربيّة
Le commerce interarabe : التجارة البينيّة العربيّة
Les exportations interarabes / entre pays arabes : الصادرات البينيّة العربيّة
L'ouverture des frontières : فتح الحدود \ إزالة الحدود
L'ouverture des marchés : فتح الأسواق
Libéraliser / la libéralisation le commerce mondial : تحرير التجارة العالميّة
Le protectionnisme : الحمائيّة
Les barrières douanières : الحواجز الجمركيّة
Les tarifs douaniers / les droits de douane : الرسوم الجمركيّة / التعرفة \ التعرفات الجمركيّة
Imposer des droits de douane : فرض رسوم جمركيّة
Lever les droits de douane : رفع \ إلغاء الرسوم الجمركيّة
Un quota / une part : حصّة – حصص
Des mesures pour entraver … : إجراءات موضوعة للعرقلة
Accorder des aides : منح مساعدات
Une subvention : دعم
Subventionner : تقديم دعم
Baisser les subventions : خفض الدعم
Les obstacles : معوق – معوقات \ العراقيل
Les entraves : قيد – قيود

La concurrence, la compétitivité :
المنافسة والتنافسيّة

La concurrence :
المنافسة

Intensifier la concurrence : تصعيد حدّة المنافسة
Les mécanismes du marché / le fonctionnement du marché : آليّات السوق
L'offre et la demande : العرض والطلب
Les besoins du marché : احتياجات السوق
Les exigences du marché : متطلبات السوق
Répondre aux besoins du marché : تلبية احتياجات \ متطلبات السوق
Un commerce sans entraves : تجارة دون قيود

La compétitivité :
التنافسيّة

La production : الإنتاج
La productivité : الإنتاجيّة
Elever / améliorer la productivité : رفع معدلات الإنتاجيّة
L'avantage comparatif : الميزة النسبيّة
Restructurer : إعادة هيكلة
Les normes / les critères / les paramètres du marché :
مقياس – مقاييس السوق \ معيار – معايير السوق

La privatisation :
الخصخصة

La nationalisation : التأميم
Une nationalisation partielle : تأميم جزئيّ
Accélérer les privatisations : تسريع عمليّات الخصخصة

II. L'économie

La régulation :
التقنين

Réguler : ضبط \ تقنين
Limiter : تقييد
Réglementer : إصدار تشريعات اقتصاديّة
Superviser : الإشراف
Les superviseurs : المشرفون
Réexaminer et corriger : المراجعة والتصحيح
Modifier les règles / les législations : تعديل التشريعات
Etablir un cadre juridique : صياغة \ وضع إطار قانونيّ
La régulation des marchés financiers :
ضبط \ تقنين \ تقييد الأسواق الماليّة
L'autorégulation : الانضباط
Des lois et des règlements économiques :
قوانين وتشريعات اقتصاديّة
Edicter de nouvelles réglementations : إصدار تشريعات جديدة
Des contraintes juridiques : قيود قانونيّة
Les brevets : براءات الاختراع

En contexte : l'économie de marché

Capitaux et investissements

Les flux des investissements étrangers vers les pays en voie de développement ont augmenté de 9%.

ارتفع تدفق الاستثمار الأجنبيّ إلى البلدان النامية بنسبة 9 %.

Répondre aux besoins du marché.

تلبية احتياجات السوق \ الاستجابة لاحتياجات السوق.

Le libre-échange et la libre circulation des capitaux ont été bénéfiques à la croissance américaine.

التبادل الحرّ وتنقل رؤوس الأموال دون قيود كان أمرا مفيدا بالنسبة للنمو الأمريكيّ.

Libre-échange

Démarrer / commencer un nouveau round de négociations en vue de réduire les barrières concernant les flux de marchandises et de services.

بدء جولة جديدة من المفاوضات بهدف تقليص العوائق أمام تدفق السلع والخدمات.

L'Inde, le Mexique et le Brésil qui parlent au nom des pays émergents considèrent que les États-Unis devraient baisser leurs subventions pour garantir l'égalité des chances et un commerce juste.

وترى الهند والمكسيك والبرازيل التي تتحدّث باسم مجموعة الدول الناشئة أنّه من المفروض أن تخفض الولايات المتّحدة دعمها لمزارعيها لضمان تساوي \ تكافؤ الفرص والتجارة العادلة.

Le volume des échanges commerciaux entre les deux pays a reculé durant ces deux décennies.

تراجع حجم التبادل التجاريّ بين البلدين في العقدين الماضيين.

La chambre de commerce et d'industrie prévoit une croissance importante de la coopération commerciale entre les deux pays.

تتوقع غرفة التجارة والصناعة نموّا ملموسا للتعاون التجاريّ بين البلدين.

Il faudrait signaler que le pétrole constitue un produit essentiel dans le commerce interarabe dans la mesure où il représente un pourcentage élevé dans les importations interarabes des pays non pétroliers.

تجدر الإشارة إلى أن النفط سلعة أساسيّة في التجارة العربيّة البينيّة حيث يمثّل نسبة عالية في الواردات البينية للدول العربيّة غير النفطيّة.

Les exportations des pays pétroliers arabes constituent environ 77 % des exportations brutes entre pays arabes.

تشكّل صادرات الدول النفطيّة حوالي 77 بالمائة من إجمالي الصادرات العربيّة البينيّة.

II. L'économie 103

Développer le volume des échanges commerciaux et des investissements interarabes.

تعزيز حجم التبادلّ التجاريّ والاستثمارات البينيّة.

On parle beaucoup des obstacles / des handicaps au commerce interarabe.

يكثر الحديث عن معوقات التجارة العربيّة البينيّة.

Il y a deux handicaps dont on parle peu.

هناك معوقان يقلّ الحديث عنهما.

Les produits chinois inondent le marché européen.

المنتجات الصينيّة تكتسح \ تُغرق الأسواق الأوروبيّة.

Concurrence et compétitivité

Restructurer le secteur en créant un certain nombre d'organismes nationaux spécialisés.

إعادة هيكلة القطاع بإحداث عدد من المؤسّسات الوطنيّة المختصّة.

Monopoliser le processus de production.

احتكار عمليّة الإنتاج.

L'impact du progrès, dans le domaine technologique, sur les relations de travail et l'augmentation de la production.

أثر التقدّم في المجال التكنولوجيّ على علاقات العمل وزيادة الإنتاج.

Remplir la plupart des critères et des conditions du marché.

يستوفي معظم معايير وشروط السوق.

La régulation

L'Union européenne peut jouer un rôle moteur dans la régulation des marchés financiers.

إن الاتّحاد الأوروبي قادر أن يلعب دور المحرّك في تقنين \ ضبط الأسواق الماليّة.

Une confiance excessive dans la prise de risque pour stimuler le profit dans un système financier globalisé insuffisamment régulé ou supervisé.

ثقة مفرطة في المخاطرة بهدف تنشيط الأرباح في نظام ماليّ شامل غير مقنّن أو مضبوط بشكل كاف.

Une surveillance active de la part de la puissance publique.

مراقبة فعّالة \ نشطة من قبل السلطات العامّة.

Les performances économiques
الأداءات الاقتصاديّة \ أداءات الاقتصاد

La croissance :
النموّ

La croissance : النموّ
Le taux de croissance : معدّل النموّ – معدّلات النموّ
Le PIB : إجمالي الناتج الداخليّ
Le PNB : إجمالي الناتج القوميّ
Les perspectives de la croissance : آفاق النموّ
Un taux de croissance élevé : معدّل نموّ مرتفع

La récession économique :
هبوط النشاط الاقتصاديّ

La baisse de la croissance / la contraction de la croissance : انكماش النموّ \ تراجع النموّ
La récession : الكساد \ الركود \ الانكماش
Le recul / le retrait / le repli : التراجع
Le ralentissement : التباطؤ
La stagnation / le marasme : الركود \ الكساد

II. L'économie

La dépression : الكساد
La dégradation / la détérioration : التدهور \ التدني \ التردّي
Dégradation / la détérioration de l'économie : تدهور الاقتصاد

Prix – inflation :
الأسعار والتضخّم

L'inflation : التضخّم
Le prix : سعر – أسعار \ ثمن – أثمنة - أثمان
Le coût : كلفة \ تكلفة – تكاليف
Dépense : نفقة – نفقات
Dépenser : إنفاق
Le pouvoir d'achat : القدرة الشرائيّة
Le niveau de vie : المستوى المعيشيّ \ مستوى المعيشة
Une baisse dans le niveau de vie : انخفاض في مستوى المعيشة
La hausse des prix : ارتفاع الأسعار
L'envolée des prix : تضاعف الأسعار \ تصاعد الأسعار
La vie chère : الغلاء
La baisse des prix : خفض \ انخفاض الأسعار
Des prix bas : أسعار منخفضة \ متدنّية
La réduction des prix : تقليص الأسعار
La déflation des prix : انكماش الأسعار
Elever le niveau de vie de la population :
رفع المستوى المعيشيّ للسكان
Fixer les prix : تحديد الأسعار

Le travail et chômage :
العمل والبطالة

Les acteurs :
الفاعلون

Une entreprise / une société / une compagnie / une firme :
شركة – شركات \ مؤسّسة – مؤسّسات تجاريّة   \ منشأة – منشآت تجاريّة

Une multinationale :
شركة متعدّدة الجنسيّة \ الجنسيّات – شركات متعدّدة الجنسيّات
Un patron : ربّ عمل \ أرباب عمل \ أصحاب عمل
Un homme d'affaires : رجل أعمال – رجال أعمال \ أرباب عمل
Une femme d'affaires : سيّدة أعمال – سيّدات أعمال
Un lobby – des lobbies : جماعة ضغط – جماعات ضغط \ لوبي - لوبيّات
La main-d'œuvre / l'ensemble des travailleurs / des salariés :
اليد العاملة \ العمالة
La force de travail : قوّة العمل
Les ouvriers : عامل – عمّال
Le prolétariat : الطبقة الكادحة
La classe laborieuse : الطبقة العاملة
Les employés / les salariés / les travailleurs : العاملون \ الموظفون
Un fonctionnaire / un salarié : موظف – موظفون
Les cadres : الأطر \ الكوادر

Le marché du travail :
سوق العمل

Un emploi : فرصة عمل – فرص عمل \ فرصة شغل – فرص شغل
Un poste de travail / une opportunité de travail / un emploi :
وظيفة – وظائف \ منصب – مناصب \ فرصة عمل – فرص عمل
Créer des emplois : خلق فرص شغل \ إيجاد فرص عمل \ إحداث وظائف
Employer : تشغيل \ توظيف
Fournir / procurer des emplois : توفير فرص عمل
Augmenter les emplois / les opportunités d'emploi :
زيادة فرص العمل

La gestion du travail / le management :
إدارة العمل

L'organisation du travail : تنظيم العمل
La nature du travail : طبيعة العمل
Une méthode de travail : أسلوب عمل – أساليب عمل
Un mode de travail : نمط عمل – أنماط عمل

II. L'économie

L'émergence de nouvelles formes de relations de travail :
ظهور صيغ جديدة من علاقات العمل

Le droit du travail :
قانون العمل

Contrat de travail : عقد العمل
La durée du travail : مدّة العمل \ الدوام
Respecter les normes internationales du travail :
الالتزام بمعايير العمل الدوليّة

Les conditions de travail :
شروط العمل

Un travail pénible : عمل شاقّ
Un travail précaire : وظيفة غير ثابتة \ هشّة
Un emploi stable : وظيفة ثابتة

Les types de travail :
أصناف العمل

Le travail temporaire : العمل المؤقت
Le travail occasionnel : العمل العارض
Le travail à distance / le télétravail : العمل عن بعد

La formation :
التأهيل

Le professionnalisme : مهنيّة \ احتراف
Un stage : دورة تدريبيّة – دورات تدريبيّة
Des compétences techniques : مهارات \ كفاءات فنّيّة \ تقنيّة
Une main-d'œuvre qualifiée :
يد عاملة مؤهّلة \ مدرّبة \ ذات كفاءة \ ذات كفاءات عالية
Améliorer la performance : تحسين الأداء
Le faible niveau de compétence : ضعف مستويات الكفاءة
L'absence de conscience professionnelle : انعدام الضمير المهنيّ

Le chômage :
البطالة

Le taux de chômage : معدّل البطالة – معدّلات البطالة
Un chômeur : عاطل عن العمل - عاطلون عن العمل
Aggravation du chômage : استفحال \ تفاقم ظاهرة البطالة
Réduire le taux de chômage : تقليص معدّلات البطالة
Absorber le chômage : امتصاص البطالة \ استيعاب البطالة

Les salaires :
الأجور

Le revenu par habitant : دخل الفرد
Le revenu moyen par habitant : متوسّط دخل الفرد
Un salaire / une rémunération :
أجر – أجور \ معاش – معاشات \ راتب - رواتب \ مرتّب – مرتبات
Augmentation des salaires : زيادة الأجور
Relever les salaires : رفع الأجور
La hausse des salaires : ارتفاع الأجور
Des salaires élevés : أجور عالية
Une récompense / un bonus / une prime : مكافأة – مكافآت
Un emploi qui rapporte / qui procure un revenu suffisant :
عمل يدرّ بالدخل الكافي
Baisser les salaires : تخفيض\ خفض الأجور
La baisse des salaires : انخفاض الأجور
Des salaires bas : أجور منخفضة
Les bas salaires : ذوي \ أصحاب الدخل المحدود
Avoir des salaires bas : الحصول على أجور منخفضة
Un salaire minimum : الحدّ الأدنى للأجر
Faible coût de la main-d'œuvre : يد عاملة ذات تكلفة زهيدة

Les retraites :
التقاعد \ المعاش

Un retraité : متقاعد
L'âge de la retraite : سنّ التقاعد

II. L'économie

Mettre à la retraite : أحاله إلى التقاعد
Il a été mis à la retraite : أحيل إلى التقاعد

En contexte : performances économiques

La récession économique

La récession signifie que la croissance économique enregistre une baisse sur deux trimestres consécutifs.
الكساد يعني أن يسجّل النموّ الاقتصاديّ انكماشاً على مدار ربعين متتاليين.

Tous les pays du monde développé souffrent du ralentissement de la croissance que connaissent les États-Unis.
كلّ دول العالم المتقدّم تعاني من تباطؤ النموّ الذي تشهده الولايات المتّحدة.

La Bourse subit des pertes colossales en raison des craintes liées à la stagnation / récession de l'économie américaine.
خسائر حادّة تجتاح بورصات العالم بسبب مخاوف من ركود الاقتصاد الأمريكيّ.

Comment éviter une récession mondiale.
كيفيّة تجنّب \ تفادي كساد \ ركود \ انكماش عالميّ.

Le marché craint / redoute que la mauvaise situation économique américaine se propage dans le monde et notamment en Europe.
تتخوّف \ تخشى الأسواق من انتشار الأوضاع الاقتصاديّة السيّئة إلى جميع أنحاء العالم، لا سيّما \ خاصّة في أوروبا.

La crainte d'une récession aux États-Unis fait trembler la planète boursière.
المخاوف من حصول كساد \ ركود \ انكماش اقتصاديّ في الولايات المتّحدة تجعل العالم يرتعد خوفاً.

Prix – inflation

La hausse des prix des matières premières.

ارتفاع أسعار المواد الأوليّة.

Travail – chômage

Une nette réduction du chômage.

تقليص ملحوظ للبطالة.

Le chômage peut être considéré comme l'un des plus importants défis posés au développement.

تُعتبر البطالة أحد أهمّ تحدّيات التنمية.

Ménager / prendre en compte les bas salaires.

مراعاة أصحاب الدخول المحدودة.

Favoriser les petites et moyennes entreprises.

تشجيع المؤسّسات \ المنشآت الصغيرة والمتوسّطة.

Il y a un certain nombre de paradoxes dont souffre le marché du travail à l'heure actuelle et qui pourraient avoir des répercussions sur l'avenir.

ثمّة مفارقات يعاني منها سوق العمل في الوقت الراهن قد يكون لها انعكاسات في المستقبل.

L'impact du progrès scientifique et technologique sur les relations de travail, la hausse des taux du chômage et son aggravation.

أثر التقدّم في العلم والتكنولوجيا على علاقات العمل وارتفاع معدّلات البطالة وازدياد خطورتها.

II. L'économie

Les politiques économiques :
السياسات الاقتصاديّة

Réformer :
الإصلاح

Une réforme : إصلاح – إصلاحات
Un plan : خطة – خطط
Un projet : مشروع – مشاريع
Des réformes structurelles : إصلاحات هيكليّة
Réformer / effectuer des réformes :
القيام بإصلاحات \ إجراء إصلاحات
Elaborer des politiques / des stratégies :
صياغة \ وضع سياسات \ استراتيجيّات
Réaliser / mettre en œuvre un projet : تنفيذ \ تطبيق مشروع
Une stratégie globale : استراتيجيّة متكاملة \ شاملة
Les détenteurs du pouvoir économique :
أصحاب القوة \ السلطة الاقتصاديّة
La transparence : الشفافيّة
La corruption : الفساد
Les pots de vin : رشوة – رشاوى
Se laisser corrompre / la vénalité : الارتشاء

Les banques centrales, la politique monétaire :
المصارف المركزيّة والسياسة النقديّة

Banques centrales :
المصارف المركزيّة

Une banque centrale : مصرف مركزيّ - مصارف مركزيّة
La Banque centrale européenne (BCE) : البنك المركزيّ الأوروبيّ
La Banque centrale européenne est en butte à de vives critiques : يتعرّض البنك المركزيّ الأوروبيّ لانتقادات لاذعة

La Banque d'Angleterre : بنك انجلترا
La Réserve fédérale américaine / la Fed / la banque centrale américaine : مجلس الاحتياطيّ الفدراليّ الأمريكيّ \ البنك المركزيّ الأمريكيّ
Le gouverneur de la banque centrale : محافظ البنك المركزيّ
Le directeur / le président de la banque centrale : مدير \ رئيس البنك المركزيّ

La politique monétaire :
السياسة النقديّة

Le taux directeur : معدّل الفائدة القياسيّ
La hausse des taux d'intérêt : ارتفاع \ تصاعد معدّلات الفائدة
Relever le taux d'intérêt : رفع سعر الفائدة
La baisse des taux d'intérêt : هبوط \ انخفاض أسعار الفائدة
Maintenir le taux d'intérêt : الإبقاء على أسعار الفائدة

Les politiques budgétaires :
السياسات المتعلّقة بالميزانيّة

Budget :
ميزانيّة \ موازنة

Le déficit budgétaire : عجز الميزانيّة
La dette publique : الدين العامّ
La dépense publique : الإنفاق العامّ
La répartition de la dépense publique : توزيع الإنفاق العامّ
Rationaliser la dépense publique : ترشيد الإنفاق العامّ
Les revenus / les recettes de l'État : إيرادات الدولة

La fiscalité
النظام الضريبيّ

Un impôt : ضريبة – ضرائب
Le système fiscal / la fiscalité : النظام الضريبيّ
La collecte des impôts : جباية الضرائب
Lever des impôts : فرض ضرائب

II. L'économie

Baisser les impôts : إجراء تخفيضات ضريبيّة
Des exonérations d'impôt : إعفاءات ضريبيّة
Des incitations fiscales : حوافز ضريبيّة
Adopter des incitations fiscales : إقرار حوافز ضريبيّة

La relance – l'essor :
الانتعاش والنهوض

Relancer l'économie / stimuler l'économie :
إنعاش \ تنشيط \ تحفيز الاقتصاد \ النهوض بالاقتصاد
La relance économique : النهوض الاقتصاديّ \ الإنعاش الاقتصاديّ
Un plan pour relancer / stimuler l'économie :
خطة لإنعاش الاقتصاد \ للنهوض بالاقتصاد
L'essor des marchés : انتعاش الأسواق \ ازدهار الأسواق

En contexte : les politiques économiques

Réformer

Elaborer des politiques économiques appropriées.
صياغة \ وضع سياسات اقتصاديّة ملائمة.

Mettre en œuvre des réformes structurelles :
إجراء إصلاحات هيكليّة.

Mener à bien les réformes / mettre en œuvre / faire aboutir.
تطبيق \ تنفيذ الإصلاحات.

L'absence de vision stratégique claire.
غياب رؤية إستراتيجيّة واضحة ودقيقة.

Des projets qui ne profitent en rien aux masses.
مشاريع لا تعود على الجماهير بأيّ منفعة.

Pour éviter les soupçons de corruption.

درءاً لشُبُهات الفساد.

Politiques budgétaires

Le président Bush annonce un plan de relance économique.

يعلن الرئيس بوش خطّة نهوض اقتصاديّ.

Un « paquet » de mesures.

حزمة من الإجراءات \ التدابير.

Des baisses d'impôt / des allégements fiscaux.

تخفيضات في الضرائب \ تخفيضات ضريبيّة.

Les fondamentaux de l'économie sont sains.

أساسيات (المقومّات الأساسيّة) الاقتصاد سليمة.

L'économie par domaines :
قطاعات الاقتصاد

Les acteurs :
الفاعلون

Le secteur public : القطاع العامّ
Le secteur privé : القطاع الخاصّ
L'économie mixte : الاقتصاد المختلط
Les institutions étatiques : مؤسّسات الدولة \ المؤسّسات الحكوميّة
Les secteurs de l'économie : قطاعات الاقتصاد
Les secteurs économiques : القطاعات الاقتصاديّة
Le secteur des services : قطاع الخدمات
Le secteur agricole : القطاع الزراعيّ \ الفلاحيّ
Le secteur industriel : القطاع الصناعيّ

II. L'économie

Le commerce :
التجارة

Le commerce électronique / e-commerce : التجارة الإلكترونيّة
Le paiement électronique : الدفع الإلكترونيّ
Le commerce équitable : التجارة المُنصفة
Le commerce de gros : تجارة الجملة
Le commerce de détail : تجارة التجزئة
Des points de vente : مراكز بيع
Des magasins de vente au détail : محلّات بيع بالتجزئة
Une boutique (traditionnelle) : دكان – دكاكين \ حانوت – حوانيت
Un magasin : متجر – متاجر \ محلّ – محلّات
Un magasin spécialisé : متجر متخصّص – متاجر متخصّصة
Un centre commercial : مجمّع تسوّق – مجمّعات تسوّق \ مول
Une chaîne de magasins : سلسلة محلّات
Distribuer : وزّع – يوزّع – توزيع
Des points de distribution : مراكز توزيع
Un contrat : عقد – عقود
Etablir / conclure un contrat : إبرام عقد
Une transaction / une affaire commerciale : صفقة تجاريّة
Le marketing : التسويق
Promouvoir / faire la promotion de : الترويج
Acheter : اشترى – يشتري
Un acheteur : مشترٍ (المشتري) – مشترون
Le prix d'achat : ثمن الشراء
Vendre : باع – يبيع – بيع
Un vendeur : بائع – بائعون – باعة
Le directeur des ventes : مدير المبيعات
Le prix de vente : ثمن المبيع
Le chiffre d'affaire : رقم المبيعات
La valeur ajoutée : القيمة المضافة
Des revenus : عائدات
Des recettes : إيرادات
Un profit / un gain / un bénéfice : ربح – أرباح \ مكسب – مكاسب
Réaliser des profits / bénéfices / gains : تحقيق أرباح \ مكاسب
Réaliser des bénéfices nets : تحقيق أرباح صافية

Une marque commerciale : علامة تجاريّة - علامات تجاريّة
Importer : استورد - يستورد - استيراد
Exporter : صدّر - يصدّر - تصدير
Les importations : الواردات
Les exportations : الصادرات
Les exportations brutes : إجمالي الصادرات
Le volume des exportations : حجم الصادرات
L'ensemble des exportations : مجمل الصادرات
L'excédent des exportations : فائض الصادرات
Les exportations ont baissé : انخفضت الصادرات
Les exportations ont reculé : تراجعت الصادرات
Les exportations se sont réduites : تقلّصت \ انكمشت الصادرات
La diversification des exportations : تنويع الصادرات
La balance des paiements : ميزان المدفوعات
Le déficit de la balance commerciale : العجز في الميزان التجاريّ
L'excédent commercial : الفائض التجاريّ
La chambre de commerce et d'industrie : غرفة تجارة وصناعة

L'industrie :
الصناعة

Une usine : مصنع - مصانع
La production : الإنتاج
Les infrastructures : بنية تحتيّة - بنى تحتيّة
Développer les infrastructures : تطوير البنى التحتيّة
Consolider les infrastructures : تقوية البنى التحتيّة
L'industrie manufacturière / de transformation : الصناعة التحويليّة - الصناعات التحويليّة
Développer les outils de production : تطوير أدوات الإنتاج
Les matières premières : المواد الخام - المواد الأوليّة
Un produit / un bien : منتج - منتجات \ منتوج - منتوجات
Les marchandises : سلعة - سلع \ بضاعة - بضائع
La qualité et la quantité : النوعيّة والكميّة
La (bonne) qualité : الجودة
La qualité des produits : جودة السلع

II. L'économie

La productivité : الإنتاجيّة
Une délocalisation : إلغاء التوطّن \ إلغاء توطّن مصنع
Détruire l'industrie locale : تدمير الصناعة المحليّة
La révolution industrielle : الثورة الصناعيّة \ النهضة الصناعيّة
La société post industrielle : مجتمع ما بعد الصناعة

En contexte : l'économie par domaines

Le commerce

Le commerce de détail du prêt-à-porter en Arabie Saoudite vient en tête des secteurs en croissance rapide.

تجارة الملابس الجاهزة بالتجزئة في السعوديّة تتصدّر القطاعات السريعة النموّ.

Il y a une demande croissante sur les vêtements des grandes marques.

نشأ طلب متزايد على الملابس التي تحمل علامات تجاريّة راقية.

Le prêt-à-porter des grandes marques internationales représente désormais entre 25 et 30 % de l'ensemble des ventes du secteur.

أصبحت الملابس من علامات تجاريّة عالميّة تمثّل ما بين 20 و30% من إجمالي مبيعات الملابس الجاهزة.

Le marché du vêtement en Arabie Saoudite compte en grande partie sur l'importation surtout en ce qui concerne les tissus, les accessoires et le prêt-à-porter occidental.

تعتمد سوق الملابس في السعوديّة إلى حدّ كبير على الاستيراد، خصوصاً في ما يتعلّق بالأقمشة والملحقات والملابس الغربيّة الجاهزة.

Riad peut être considérée comme le plus grand marché du prêt-à-porter saoudien ; elle atteint 40 % des parts de marché.

تُعتبر الرياض السوق الأكبر للملابس الجاهزة السعوديّة وتبلغ حصّتها 40% من حجم السوق.

L'industrie

Adapter l'industrie égyptienne pour faire face aux enjeux.
تكييف الصناعة المصريّة لتصدّي الرهانات

Pétrole et gaz :
البترول \ النفط

Les sources d'énergie :
مصادر الطاقة

L'or noir : الذهب الأسود
Le pétrole brut : النفط الخام
Les dérivés du pétrole : مشتقات البترول
L'industrie pétrochimique : الصناعة البتروكيميائيّة
Les carburants : المحروقات \ الوقود
L'essence : البنزين
Le diesel : الديزل
Le fuel / le mazout : المازوت
L'énergie fossile : الطاقة الأحفوريّة
Les biocarburants : الوقود الحيويّ
Le gaz naturel : الغاز الطبيعيّ

Les infrastructures :
البنى التحتيّة

Chercher du pétrole / prospecter : التنقيب عن البترول
Un contrat de prospection : عقد استكشاف – عقود استكشاف
Trouver du pétrole : العثور على البترول
Un champ pétrolier / un gisement pétrolier : حقل بترول - حقول
Un puits de pétrole : بئر – آبار بترول

II. L'économie

Forage d'un puis de pétrole : حفر بئر بترول
Extraire le pétrole : استخراج النفط
Fournir l'énergie / la fourniture d'énergie / approvisionner en énergie : تزويد الطاقة
Les approvisionnements : الإمدادات
Une plate-forme pétrolière : منصّة لاستخراج البترول
Pétrole offshore : بترول مستخرج من البحر
Un pipe line / un oléoduc : خط أنابيب بترول
Un gazoduc : خط أنابيب غاز
Construire un gazoduc : مدّ خط أنابيب غاز
L'acheminement du pétrole : نقل البترول
Une raffinerie : مصفاة \ معمل تكرير
Les installations pétrolières : منشآت النفط
Un pétrolier (bateau) / un tanker : ناقلة نفط

La production :
إنتاج البترول

Les quotas de production : حصص الإنتاج
Augmenter la production du pétrole : زيادة \ رفع إنتاج النفط
Elever / augmenter le niveau de production : رفع مستوى الإنتاج
Améliorer la capacité de production :
تحسين الطاقة الإنتاجيّة \ القدرة الإنتاجيّة
L'Organisation des Pays Exportateurs de Pétrole / l'OPEP :
منظّمة الدول المصدّرة للبترول \ أوبك
Les pays producteurs de pétrole et de gaz :
البلدان المنتجة للبترول والغاز
Les pays consommateurs de pétrole : الدول المستهلكة للنفط

Les réserves :
الاحتياط

Les ressources pétrolières : الموارد النفطيّة
Les réserves en pétrole : احتياط النفط
Le stock : المخزون
Stocker / le stockage du pétrole : تخزين البترول
Une pénurie des ressources énergétiques : نقص في موارد الطاقة

Le marché mondial de l'énergie :
سوق الطاقة العالمية

Une compagnie pétrolière : شركة نفطيّة – شركات نفطيّة
Les revenus pétroliers : العائدات النفطيّة
Les recettes pétrolières : الإيرادات النفطيّة
Les géants du pétrole / les majors : الشركات النفطيّة العملاقة
Un baril : برميل – براميل
Le prix du baril : سعر برميل البترول \ ثمن برميل البترول
Le cours du pétrole : سعر البترول
La baisse du cours / du prix du pétrole : هبوط سعر البترول \ انخفاض أسعار النفط
Les cours du pétrole reculent : تراجع النفط
Le pétrole cède x cents, soit x % : خسر البترول ... سنت من قيمته أي ... في المائة ...
Le prix du baril a chuté de plus de : هوى سعر البرميل أكثر من
L'envolée des prix du baril : التصاعد الشديد لسعر البرميل
La hausse du prix du pétrole : ارتفاع أسعار البترول
Le baril a gagné x dollars : كسب البرميل ... دولار
La consommation de pétrole : استهلاك البترول
Le plus grand consommateur de pétrole au monde : أكبر مستهلك للبترول في العالم
La crise pétrolière : الأزمة النفطيّة
Le choc pétrolier : الصدمة النفطيّة
Utiliser l'énergie comme outil de pression politique : استخدام الطاقة كأداة ضغط سياسيّة

II. L'économie

En contexte : pétrole et gaz

Les infrastructures

Il n'y a pas de problème dans les approvisionnements en pétrole.

ليس هناك مشكلة في الإمدادات البتروليّة.

Un projet de construction d'un gazoduc.

مشروع مدّ خط أنابيب غاز طبيعيّ.

Des troubles probables dans les approvisionnements.

احتمال حدوث اضطرابات في الإمدادات.

La Géorgie représente un lieu de passage important pour le pétrole et le gaz, du fait de la présence de trois principaux gazoducs qui relient les sources d'énergie du Caucase et d'Asie centrale aux marchés européens.

تمثّل جورجيا موقع عبور مهمّ لمحور النفط والغاز لوجود ثلاثة خطوط رئيسيّة من أنابيب الغاز التي تربط بين مصادر الطاقة في القوقاز وآسيا الوسطى إلى الأسواق الأوروبيّة.

L'Allemagne cherche à diminuer sa dépendance vis-à-vis du gaz russe.

تسعى ألمانيا إلى خفض ارتهانها بالغاز الروسيّ.

La production

Le marché anticipe le maintien en l'état des quotas de production.

تعوّل السوق على إبقاء حصص الإنتاج على حالها.

L'Iran est le deuxième plus grand pays exportateur de pétrole de l'OPEP.

إيران ثاني أكبر دولة أوبك مصدّرة للنفط.

L'Iran est celui qui connaît la plus grande augmentation de production parmi les membres de l'Organisation.

إيران صاحبة أكبر زيادة في الإنتاج بين أعضاء المنظمة.

Les réserves

L'amélioration du niveau du stock américain.

تحسّن مستوى المخزون الأمريكيّ.

Le pôle nord contient des stocks évalués à 12 % de l'ensemble des réserves du stock mondial.

يخزّن القطب الشماليّ ما يقدّر بـ 12 في المائة من إجمالي احتياط المخزون العالميّ من النفط غير المستكشف، و نحو 20 في المائة من احتياطات الغاز الطبيعيّ.

Un expert en pétrole a révélé que les réserves de l'Irak atteignaient 300 milliards de barils.

كشف خبير نفطيّ أنّ احتياط العراق النفطيّ يصل إلى 300 بليون برميل.

Le rapport a révélé une augmentation inhabituelle des stocks d'essence aux États-Unis.

أظهر التقرير زيادة غير معتادة في مخزون البنزين في الولايات المتّحدة.

Les gouvernements cherchent à préserver les stocks de gaz et de pétrole avant l'automne en prévision de l'augmentation de la demande durant l'hiver prochain.

تسعى الحكومات إلى المحافظة على مستويات المخزون من الغاز والنفط قبل الخريف توقعاً لازدياد الطلب خلال الشتاء المقبل.

Le président de « Gazprom » prévoit une pénurie importante des ressources énergétiques.

رئيس "غازبروم" يتوقع نقصاً شديداً في موارد الطاقة.

Le ministre saoudien du pétrole a déclaré que le monde possédait des ressources pétrolières suffisantes pour satisfaire la demande pour encore de très longues décennies.

وأعلن وزير البترول السعوديّ أنّ العالم لديه موارد بتروليّة تكفي لتلبية الطلب لعقود طويلة جدّاً.

Le marché mondial de l'énergie
سوق الطاقة العالميّة

Le rôle de la spéculation dans la hausse du prix du pétrole.
دور المضاربة في ارتفاع أسعار البترول.

Le ministre de l'énergie et des ressources minières algérien a affirmé que le marché était équilibré, et que les prix élevés n'avaient aucun rapport avec les fondamentaux du marché.
أكد وزير الطاقة والمناجم الجزائريّ أنّ السوق متوازنة، والأسعار المرتفعة لا علاقة لها بأساسيّات السوق.

Préparer des analyses communes sur les tendances et les prévisions du marché du pétrole.
إعداد تحليلات مشتركة لاتّجاهات وتوقعات سوق البترول.

Les cours du brut sont en légère baisse.
أسعار الخام في انخفاض طفيف.

Les prix / les cours du pétrole ont baissé en deçà de 120 dollars le baril.
انخفضت أسعار النفط دون 120 دولاراً للبرميل.

Le rôle du secteur pétrolier dans l'économie nationale.
دور القطاع النفطيّ في الاقتصاد الوطنيّ.

L'agriculture :
الزراعة \ الفلاحة

Les activités agricoles :
النشاطات الزراعيّة

La campagne :
ريف - أرياف

Une zone rurale : منطقة ريفيّة \ مناطق ريفيّة
Un rural : ساكن الأرياف
Un urbain : ساكن المدن
Un agriculteur / un cultivateur / un paysan :
مزارع - مزارعون \ فلاح - فلاحون
Le développement rural : التنمية الريفيّة

Cultiver :
زرع – يزرع – زرع \ زراعة

Les céréales : الحبوب
Le blé : القمح
Le riz : الأرز
Le maïs : الذرة
La moisson : حصاد
La semence : بذرة – بذور
Une récolte / une culture : محصول – محاصيل
Le stockage des récoltes : تخزين المحاصيل
Un système d'irrigation : نظام الريّ
Les machines agricoles : الآلات الزراعيّة
L'engrais : سماد – أسمدة
Une semence à haute productivité : بذور عالية الإنتاجيّة
Des plantes génétiquement modifiées : نباتات معدّلة جينيًّا
La sécheresse : الجفاف
La réforme agraire : الإصلاح الزراعيّ
La révolution verte : الثورة الخضراء

Les cultures :
الزراعات

Les produits agricoles : المنتجات \ المحاصيل الزراعيّة
Les exportations agricoles : الصادرات الزراعيّة
Des cultures vivrières : الزراعات الغذائيّة
Une culture pour l'exportation : زراعة من أجل التصدير

Nourrir :
إطعام \ توفير الغذاء

Un produit alimentaire : سلعة غذائيّة – سلع غذائيّة
Les aliments de base : السلع الغذائيّة الأساسيّة
Les denrées alimentaires : المواد الغذائيّة
Nourrir la population : تقديم الغذاء الكافي للسكان
Subvenir aux besoins alimentaires : سدّ الاحتياجات الغذائيّة
L'autosuffisance alimentaire : الاكتفاء الذاتيّ الغذائيّ
L'autonomie alimentaire / la souveraineté alimentaire :
الاستقلال \ الاستقلاليّة الغذائيّة
La sécurité alimentaire : الأمن الغذائيّ
Le Programme d'aide alimentaire : برنامج الأغذية العالميّ
Apporter / offrir l'aide alimentaire :
تقديم المعونات \ الإعانات الغذائيّة

Subventionner le secteur agricole :
دعم القطاع الزراعيّ

Une subvention / une aide : دعم \ مساعدات \ إعانات
Des aides directes : مساعدات مباشرة
Accorder des aides / des subventions : منح مساعدات
Les subventions agricoles : المساعدات الزراعيّة
Aider le secteur agricole : مساعدة القطاع الزراعيّ
Soutenir le secteur agricole : مساندة القطاع الزراعيّ
Subventionner les agriculteurs : دعم المزارعين
Un système de soutien aux prix : نظام لدعم الأسعار

Des produits agricoles subventionnés : منتجات مدعَمة
Libéraliser / ouvrir le marché agricole :
تحرير \ فتح الأسواق الزراعيّة
L'industrie agroalimentaire : صناعة غذائيّة ـ صناعات غذائيّة

La crise alimentaire :
الأزمة الغذائيّة

La pénurie alimentaire : النقص \ القلة \ الندرة في المواد الغذائيّة
La spéculation : المضاربة
La hausse des prix : ارتفاع الأسعار
La faim / la famine / la disette (peu utilisé) : الجوع \ المجاعة
La malnutrition / la sous-alimentation : سوء التغذية
Le Programme alimentaire mondial (PAM) :
برنامج الغذاء العالميّ
FAO (Food and alimentation organisation) / Agence des Nations Unies pour l'alimentation et l'agriculture (FAO) :
منظمة الأغذية والزراعة

En contexte : l'agriculture

Subventionner le secteur agricole
Soutenir l'activité dans le secteur agricole.
دعم النشاط في القطاع الزراعيّ.

Le secteur agricole asiatique a connu un âge d'or durant les années soixante.
شهد القطاع الزراعيّ الآسيويّ فترة ذهبيّة خلال الستينيات.

Les aides officielles au développement pour le secteur agricole.
المساعدات التنمويّة الرسميّة للقطاع الزراعيّ.

Les produits agricoles subventionnés ont inondé les marchés.
أغرقت المنتجات الزراعيّة المدعمة الأسواق.

Les subventions agricoles ont provoqué des pertes considérables chez les agriculteurs des pays en développement.
إن الإعانات الزراعية تسبّبت في خسائر جسيمة لدى مزارعيّ الدول النامية \ ألحق الدعم الزراعيّ خسائر هائلة بمزارعيّ الدول النامية.

Baisser les aides que les pays développés accordent à leurs agriculteurs.
خفض المساعدات التي تمنحها الدول المتقدّمة لمزارعيها.

Les Etats-Unis ont accepté de baisser les subventions à leurs agriculteurs de 48 milliards de dollars à 15 milliards par an.
وافقت الولايات المتّحدة خفض دعمها للمزارعين من 48 بليون دولار سنوياً إلى 15 بليون دولار.

La crise alimentaire

Causes

Une pénurie artificielle de l'offre agricole sur les marchés.
نقص مفتعل \ مصطنع للمعروض من الحاصلات الزراعيّة على الأسواق.

Des spéculations sur les prix des récoltes dans le but de réaliser des bénéfices.
عمليّات المضاربة على المحاصيل لتحقيق الأرباح.

Les denrées / les produits alimentaires vont continuer à monter tant que les prix du pétrole augmentent.
بشكل عامّ، ستتواصل أسعار المواد الغذائيّة ارتفاعها ما دامت أسعار النفط ترتفع.

Le secteur agricole a besoin de carburant pour faire marcher les machines agricoles et transporter la production.
إن القطاع الزراعيّ بحاجة إلى وقود لتشغيل الآلات الزراعيّة ونقل الإنتاج.

Conséquences

La crise alimentaire actuelle qui sévit dans le monde a obligé les gouvernements à réfléchir à nouveau au développement du secteur agricole.

إن الأزمة الغذائيّة الراهنة أجبرت الحكومات على إعادة التفكير بتطوير وتنمية القطاع الزراعيّ.

Les questions de sécurité alimentaire, de développement rural et de protection de l'environnement doivent être au cœur des négociations.

إن مسائل الأمن الغذائيّ والتنمية الريفيّة وحماية البيئة لا بد أن تكون في صلب المفاوضات.

La productivité du secteur agricole a augmenté et la famine est devenue un fait du passé.

ازدادت منتوجيّة \ إنتاجيّة القطاع الزراعيّ و أصبح الجوع شيئاً من الماضي.

Les problèmes socio-économiques :
المشاكل الاجتماعيّة والاقتصاديّة

La pauvreté :
الفقر

La pauvreté : الفقر
Un pauvre : فقير - فقراء
Les classes inférieures : الطبقات الدنيا \ السفلى
La précarité / la fragilité : هشاشة الأوضاع
Une situation précaire : أوضاع هشّة
Les perdants : الخاسرون
Un pauvre / un nécessiteux / un démuni :
مُعْوز - معوزون \ محتاج - محتاجون
Etre dans la nécessité / le besoin : كان في العوز

II. L'économie

Les plus pauvres / les plus démunis : الناس الأكثر فقراً
Les plus pauvres des pauvres : أفقر الفقراء
Les plus pauvres des riches : أفقر الأغنياء
Les catégories les plus modestes : الفئات الأقلّ ثراءً \ ثروةً
Un pauvre / un indigent / un démuni / un déshérité :
مُعْدَم – معدمون
Faible / déshérité : ضعيف – ضعفاء \ مستضعف - مستضعفون
Les pauvres / les nécessiteux / les démunis / les déshérités :
الفقراء \ المحتاجون \ المعوزون \ المحرومون \ المعدمون \ المستضعفون
La misère / la détresse : البؤس
Vivre dans la misère / mener une existence misérable :
عاش عيشة بؤس
La misère / le dénuement : الحِرْمان
Etre privé de / dépourvu de / démuni de :
محروم من - محرومون من
Le besoin / le dénuement / l'indigence : العوز \ الحاجة
Un exclu / un laissé pour compte : منبوذ – منبوذون
Les exclus / les laissés pour compte / les déshérités :
المحرومون \ المستضعفون \ المنبوذون
Exclure / exclusion : إقصاء \ نَبْذ \ استبعاد
Marginaliser / marginalisation : التهميش
Marginalisé : مهمّش – مهمّشون
Les souffrances des pauvres : معاناة الفقراء
La misère noire / l'extrême pauvreté : البؤس / الفقر المدقع \ الفاقة
Le seuil de pauvreté : عتبة الفقر \ خط الفقر
La paupérisation : اتّساع رقعة الفقر \ دائرة الفقر
L'incapacité à assumer le coût de la vie :
العجز عن تحمّل تكاليف المعيشة
Lutter contre la pauvreté : مكافحة ظاهرة الفقر
Traiter le problème de la pauvreté : معالجة مشكلة الفقر
Améliorer le sort des plus démunis :
تحسين أوضاع \ مصير أكثر الفقراء بؤساً وحرماناً
Ralentir / limiter / réduire la pauvreté :
الحدّ من ظاهرة الفقر \ تقليص الفقر
Baisser la pauvreté : خفض معدّلات الفقر
Sortir du cercle de la pauvreté : الخروج من دائرة الفقر

Eradiquer la pauvreté : القضاء على الفقر
Les classes moyennes : الطبقات الوسطى \ المتوسطة
Les classes supérieures : الطبقات العليا
Les tranches de la société / les catégories de la société : شريحة – شرائح المجتمع \ فئة – فئات المجتمع
La richesse / la fortune : الغنى \ الثراء
La richesse / la fortune : الثروة – الثروات
Les riches / les nantis / les gens fortunés / aisés / favorisés : غني - أغنياء \ ثريّ - أثرياء \ صاحب ثروة
Les classes les plus riches / les plus favorisées : الطبقات الأكثر ثراءً
Vivre dans l'opulence et la prospérité : يعيش في النعيم والرخاء
Le bien-être / le confort : الرفاهية
Le bien-être / le faste / le luxe : التَرَف \ البَذْخ
Vivre dans le luxe / mener la grande vie / avoir un train de vie somptueux : يعيش عيشة ترف وبذخ

La santé :
الصحّة

L'OMS / l'Organisation mondiale de la santé : منظّمة الصحّة العالميّة
Le système de santé : النظام الصحّيّ
La sécurité sociale : الضمان الصحّيّ
Une assurance médicale : ضمان صحّي \ تأمينات صحّيّة
Privé d'assurance médicale : محروم من أيّ ضمان صحّيّ
Des soins de santé : رعاية صحّيّة \ خدمات صحّيّة
Avoir accès aux soins : الحصول على العلاج
L'espérance de vie : المعدّل \ المتوسّط المتوقع للأعمار
La détérioration du niveau des services de santé : التردّي في مستوى الخدمات الصحّيّة
Les problèmes et les maladies liés à la vieillesse : المتاعب والأمراض المتعلقة بالشيخوخة
La mortalité infantile : وفيات الأطفال
La mortalité périnatale : وفيات الأمّهات بعد الولادة
Le sida : الإيدز \ مرض المناعة المكتسبة

Le paludisme / la malaria : الملاريا
La tuberculose : السلّ
L'humiliation : الذل
La honte : العار
L'injustice / l'iniquité : الظلم \ الجور
L'aliénation : الاستلاب

Les inégalités et l'analphabétisme :
التفاوت والأمّيّة

L'analphabétisme : الأمّيّة
Le travail des enfants : عمالة الأطفال
Le travail précoce : العمل المبكر
Employer / l'emploi des enfants : تشغيل الأطفال
La fracture sociale : الفجوة الاجتماعيّة
Les différences entre les sociétés restent énormes :
الفوارق بين المجتمعات ما زالت شاسعة
L'écart se creuse entre les riches et les pauvres :
الفجوة بين الأغنياء والفقراء آخذة بالاتّساع
Le fossé grandissant entre … : … الهوة المتّسعة بين
La fracture des solidarités anciennes :
انقطاع شبكات التضامن والتآزر القديمة
Les riches deviennent plus riches et les pauvres plus pauvres :
يصبح الأغنياء أكثر ثراءً والفقراء أكثر فقراً
Réduire le fossé / l'écart : تقليص \ تضييق الهوّة \ الفجوة
Combler l'écart : ردم الهوّة \ الفجوة

Le développement :
التنمية

Le sous-développement : التخلّف
Développer / faire évoluer : تطوير \ تنمية
L'évolution / le développement : التطوّر

Des objectif de développement : أهداف تنمويّة
Délimiter / préciser / déterminer les objectifs du développement : حديد أهداف التنمية
Le développement durable : التنمية المستدامة \ المستديمة
Le développement « solidaire » : التنمية <التضامنيّة>
Le développement complémentaire : التنمية المتكاملة
Le développement global : التنمية الشاملة
Le processus de développement : العمليّة التنمويّة
Développer les ressources humaines : تطوير \ تنمية القدرات \ الموارد البشريّة
Le progrès : التقدّم
Améliorer / élever le niveau de : النهوض بـ \ الارتقاء بـ \ تحسين
Faire progresser / faire avancer le développement : دفع عجلة التنمية
Soutenir / consolider / ancrer / conforter : دعم \ ترسيخ \ تعميق \ تعزيز \ إرساء
Encourager / favoriser : التشجيع على
S'adapter : التأقلم – التكيّف
S'adapter à l'époque : مواكبة العصر

En contexte : les problèmes socio-économiques

La pauvreté

« Si la pauvreté était un homme, je l'aurait tuée » (Ali Ibn Abi Taleb).

"لو كان الفقر رجلاً لقتلته" (علي بن أبي طالب).

La pauvreté est un phénomène pluridimensionnel.

الفقر ظاهرة متعدّدة الأبعاد.

Vivre sous le seuil de pauvreté.

العيش تحت خط الفقر \ تحت عتبة الفقر.

La propagation / la multiplication des poches de pauvreté.
انتشار دوائر الفقر.

3,4 millions d'enfants continuent à vivre en deçà du seuil de pauvreté au Royaume-Uni.
3،4 مليون من الأطفال ما زالوا يعيشون دون عتبة الفقر في المملكة المتّحدة.

Une volonté politique de réforme pour lutter contre la pauvreté.
إرادة سياسيّة للإصلاح ومكافحة الفقر.

Mettre en place des programmes efficaces de lutte contre la pauvreté.
وضع برامج ناجحة وفعّالة لمكافحة الفقر.

Faire des efforts importants pour traiter le problème de la pauvreté.
بذل الجهود الحثيثة لمعالجة مشكلة الفقر.

La Banque mondiale met en garde contre la propagation de la pauvreté.
البنك الدوليّ يحذّر من انتشار الفقر.

La plupart des pauvres vivent dans le tiers-monde.
معظم الفقراء يعيشون في العالم الثالث.

Un milliard de personnes dans le monde vivent dans une extrême pauvreté.
مليار نسمة في العالم يعيشون في فقر مدقع.

Une personne sur trois dans le tiers-monde vit avec moins d'un dollar par jour.
إنّ واحداً من كلّ ثلاثة في العلم الثالث يعيش على أقلّ من دولار في اليوم.

Baisser de moitié le nombre de personnes vivant dans la misère avec un revenu de moins d'un dollar par jour.
خفض معدّلات الأشخاص الذين يعيشون في فاقة بدخل لا يتجاوز الدولار الواحد إلى النصف.

L'espoir que cette richesse sans précédent dans le monde soit un facteur d'intégration et non un facteur d'exclusion.
الأمل في أن يصبح هذا الثراء الذي لا سابق له في العالم عامل استيعاب واندماج للمعدمين لا عامل استبعاد وإقصاء.

Dépenser davantage en vue de combattre la pauvreté n'est pas une simple obligation morale mais une nécessité économique.
إنفاق المزيد من الأموال لمحاربة الفقر ليس مجرّد التزام أخلاقيّ بل ضرورة اقتصاديّة.

Les participants se sont engagés à faire baisser le nombre de ceux qui vivent dans la pauvreté de moitié à l'horizon de l'an 2015, cependant, il est impossible que cet objectif soit atteint si les choses continuent à évoluer au rythme actuel.
تعهّد المشاركون بخفض عدد الناس الذين يعيشون في فقر إلى النصف بحلول عام 2015، إلا أنّه يستحيل بلوغ هذا الهدف إذا ظلّت الأمور تسير بالوتيرة الراهنة.

Les couches / les tranches inférieures de la société sont privées des bénéfices de la mondialisation.
الطبقات \ الشرائح الدنيا من المجتمع محرومة من ثمار العولمة.

Si les exclus et les perdants sont abandonnés, la mondialisation ne pourra perdurer / continuer.
إذا تُرك المحرومون والخاسرون، فلن يكون بمقدور العولمة الاستمرار.

La santé

Baisser le taux de la mortalité infantile et périnatale.
خفض معدّلات وفيات الأطفال والأمّهات بعد الولادة.

II. L'économie

La moyenne de l'espérance de vie a baissé de 50 à 47 ans.
انخفض المتوسّط المتوقع للأعمار من 50 إلى 47 عاماً.

Dix millions d'enfants meurent chaque année de maladies qui peuvent être guéries.
عشرة ملايين من الأطفال يموتون كلّ عام من أمراض قابلة للعلاج.

Le quart des décès sont causés par un nombre limité de maladies telles que le sida, la tuberculose et le paludisme.
إنّ ربع حالات الوفاة سببها مجموعة أمراض محدّدة هي الإيدز والسلّ والملاريا.

Les inégalités et l'analphabétisme :
130 millions d'enfants ne vont jamais à l'école.
130 مليون طفل لا يذهبون إلى المدرسة أبداً.

L'agriculture emploie 70 % des enfants qui travaillent.
يقوم القطاع الزراعيّ بتشغيل 70 % من الأطفال.

L'augmentation des inégalités sociales et économiques.
ازدياد الفوارق الاجتماعيّة والاقتصاديّة.

Les écarts sociaux croissants entre les différentes tranches de la société.
اتّساع الفجوات الاجتماعيّة بين مختلف شرائح المجتمع.

Le fossé entre les possédants et les autres s'élargit / se creuse.
الفجوة \ الهوّة في اتّساع بين أصحاب الثروات والآخرين.

La misère, la faim et l'analphabétisme peuvent être des foyers de nouvelles tensions dans le monde.
البؤس، والجوع والأمّيّة يمكن أن تكون بؤراً جديدة للتوتّر في العالم.

Le développement

Débattre sereinement et sérieusement des problèmes du sous-développement et du progrès.

المناقشة الرصينة لمشكلات التخلّف والتقدّم.

Réguler le processus de transfert des technologies.

تقنين عمليّة نقل التكنولوجيا.

Le processus de développement arabe est confronté à de nombreux défis.

تواجه عمليّة التنمية العربيّة تحدّيات كثيرة.

L'adaptation rapide est désormais une nécessité vitale.

التأقلم السريع صار ضرورة حياتيّة.

Les médias

Généralités :
اعتبارات عامّة

Les supports médiatiques :
وسائط الإعلام

La télévision : التلفاز \ التلفزيون
La radio : الإذاعة \ المذياع \ الراديو
La presse écrite : الصحافة المكتوبة
Internet : الإنترنت
Multimédia : وسائط متعدّدة
Les médias écrits : المطبوع الإعلام المقروء \ المكتوب \
Les médias audio-visuels : وسائل \ وسائط الإعلام المرئيّة – المسموعة
L'audiovisuel : الإعلام المرئيّ المسموع
Les organes de presse / les outils / les supports / les moyens d'information médiatique : جهاز – أجهزة الإعلام \ وسيلة – وسائل الإعلام \ وسائط الإعلام
Les moyens de communication médiatique : وسائط الإعلام\وسائل الإعلام \
Un instrument médiatique : أداة إعلاميّة – أدوات إعلاميّة
Un support médiatique : وسيط – وسائط إعلاميّة \ أداة – أدوات إعلاميّة
Un réseau médiatique : شبكة إعلاميّة

Les différents acteurs des médias :
الأطراف الفاعلة في الإعلام | القائمون على الإعلام

Le secteur public : القطاع العامّ
Des médias détenus par l'Etat : وسائل إعلام مملوكة للدولة
Le ministère de la culture et de l'information : وزارة الثقافة والإعلام
Les médias gouvernementaux : الإعلام الحكوميّ
Les médias officiels : الإعلام الرسميّ
Le secteur privé : القطاع الخاصّ

III. Les médias

La privatisation : الخصخصة
Des sociétés privées : شركات خاصّة
Des multinationales : شركة متعدّدة الجنسيّات – شركات متعدّدة الجنسيّات
Des individus : فرد – أفراد
Les magnats de la presse : أباطرة الإعلام
Le propriétaire du média : صاحب \ مالك الوسيلة الإعلاميّة
Un journaliste / un homme de média : إعلاميّ – إعلاميّون
Un journaliste : صحفي – صحفيّون \ صحافيّ \ صحافيّون
Des élites médiatiques : نخبة إعلاميّة – نخب إعلاميّة
Une institution médiatique : مؤسّسة إعلاميّة – مؤسّسات إعلاميّة
Le public : الجمهور – الجماهير
Le destinataire : المتلقّي – المتلقّون

Le message médiatique :
الرسالة الإعلاميّة

La mission des médias : مهمّة الإعلام – مهامّ الإعلام \ رسالة الإعلام
Le but : الهدف \ الأهداف
Les objectifs : الهدف – الأهداف \ الغرض – الأغراض \ الغاية – الغايات
L'orientation : التوجّه
Elaborer / forger le discours médiatique : صياغة الخطاب الإعلاميّ

L'espace médiatique :
الفضاء الإعلاميّ

Le paysage médiatique / la scène médiatique : المشهد الإعلاميّ
Le paysage médiatique : الساحة الإعلاميّة
La sphère médiatique / l'espace : الفضاء الإعلاميّ \ الحيّز الإعلاميّ
Le quatrième pouvoir : السلطة الرابعة
Un contre-pouvoir : سلطة مضادّة

Le secteur des médias :
القطاع الإعلاميّ

Média / journalisme / presse : الصحافة \ الإعلام
Le système médiatique / l'appareil médiatique : الأجهزة الإعلاميّة
Les médias locaux : الإعلام المحلّيّ
Les médias nationaux : الإعلام الوطنيّ \ القُطريّ
Les médias transarabes / panarabes : الإعلام الموجّه لكلّ العرب
Les médias off shore :
الإعلام العربيّ المهاجر \ الإعلام العربيّ من الخارج
Les médias internationaux : الإعلام العالميّ \ الدوليّ
La recomposition de la scène médiatique arabe :
إعادة صياغة المشهد الإعلاميّ العربيّ

En contexte : généralités

Ces élections ont attiré / ont bénéficié de / ont obtenu l'intérêt de tous les médias arabes et internationaux.
حظيت هذه الانتخابات باهتمام إعلاميّ من كلّ وسائل الإعلام العربيّة والدولية.

III. Les médias

La presse écrite :
الصحافة المكتوبة

Les types de publications :
أنواع المنشورات \ الإصدارات

Un journal : جريدة – جرائد \ صحيفة – صحف
Un titre / un journal : جريدة – جرائد \ صحيفة – صحف
Une revue / un magazine : مجلّة – مجلّات
Un périodique : دوريّة – دوريّات
Une publication :
منشورة – منشورات \ إصدار – إصدارات \ مطبوعة – مطبوعات
Un quotidien : جريدة يوميّة
Une revue hebdomadaire : مجلّة أسبوعيّة
Une revue mensuelle / un magazine : مجلّة شهريّة
Une revue bimensuelle : مجلّة نصف شهريّة
La presse spécialisée : الصحافة المتخصّصة
Une revue spécialisée dans le domaine de … :
مجلّة متخصّصة في شؤون \ مجال...
La presse féminine : الصحافة النسائيّة \ المجلّات النسائيّة
Les revues culturelles : المجلّات الثقافيّة
Une revue à caractère culturel : مجلّة ذات طابع ثقافيّ
Le phénomène de la presse gratuite : ظاهرة الصحف المجّانيّة

Le journal :
الجريدة

Un numéro : عدد – أعداد
Un exemplaire : نسخة – نُسَخ
Le prix de l'exemplaire : سعر النسخة
Les abonnements : الاشتراكات
Imprimer : طبع – يطبع – طبع \ طباعة

Distribuer : وزّع – يوزّع – توزيع
La distribution de la presse : توزيع الصحف
Publier / éditer : نشَر – ينشُر – نشْر
Une maison d'édition : دار نشر
Etre publié / être édité : نُشِر
L'éditeur du journal : ناشر الجريدة
Etre publié / paraître : صدر – يصدر – صدور
Publication : صدور
La date de publication / de parution : تاريخ الصدور
Faire paraître / publier : أصدر – يصدر – إصدار
Un journal à grand tirage : جريدة واسعة الانتشار

Les personnes :
الأشخاص

Un lecteur : قارئ – قرّاء
Un journaliste : صحفيّ – صحفيّون \ صحافيّ – صحافيّون
Un correspondant : مُراسل – مراسلون
La rédaction : هيئة التحرير
Un rédacteur en chef : رئيس \ مدير تحرير
Le président du conseil d'administration : رئيس مجلس الإدارة

Les rubriques :
الأبواب

Un éditorial : افتتاحيّة
Un reportage : تقرير – تقارير
Une enquête : تحقيق – تحقيقات
Une chronique : عمود – أعمدة
Un chroniqueur : صاحب عمود
Une opinion / un point de vue : رأي – آراء
Un dossier : ملفّ – ملفّات
Une interview : مقابلة – مقابلات \ لقاء – لقاءات
Faire une interview : إجراء مقابلة

Une conférence de presse : مؤتمر صحفيّ
Tenir une conférence de presse :
عقد مؤتمر صحفيّ \ تنظيم مؤتمر صحفيّ

L'espace publicitaire :
المساحات الإعلانيّة

La publicité : الإشهار \ الإعلان \ الإعلانات \ الدعاية
La propagande / la publicité : الدعاية
Une publicité commerciale : إعلان تجاريّ – إعلانات تجاريّة
Une annonce : إعلان – إعلانات
Des annonces publicitaires payantes : إعلانات مدفوعة الأجر
Le marché publicitaire : سوق الإعلانات التجاريّة
Un espace publicitaire/ un encart publicitaire : مساحة إعلانيّة
Un annonceur : مُعْلِن – معلنون
Les revenus publicitaires : الإيرادات الإعلانيّة

La législation :
القوانين والتشريعات

La législation des publications / la loi sur les publications :
قانون المطبوعات
Les droits d'auteur / copyright : حقوق التأليف
« Tous droits réservés » : جميع الحقوق محفوظة
Le droit de propriété intellectuelle : حق الملكيّة الفكريّة
La protection de la propriété intellectuelle : حماية الملكيّة الفكريّة

En contexte : la presse écrite

Un forum sur l'avenir de la presse écrite à l'ère du multi média.

ندوة حول مستقبل الصحافة المكتوبة في عصر الوسائط المتعددة.

Ce journal réunit différents contenus rédactionnels et des surfaces publicitaires.

تجمع هذه الصحيفة بين المواد التحريريّة والمساحات الإعلانيّة.

Le célèbre journaliste égyptien Samir Rajab qui était l'ancien rédacteur en chef du journal Al Joumhourya préside la rédaction de ce journal gratuit.

ويرأس تحرير هذه الجريدة المجّانيّة الصحافيّ المصريّ المعروف سمير رجب، رئيس تحرير جريدة الجمهوريّة السابق.

Le journal est distribué sur l'ensemble du territoire national.

يتمّ توزيع الجريدة على صعيد البلد كلّه.

La revue paraît actuellement tous les mois de façon provisoire, mais compte devenir bientôt hebdomadaire.

تصدر المجلة حاليًا بشكل شهريّ مؤقتا على أن تصبح أسبوعيّة قريبًا.

III. Les médias

La télévision :
التلفزيون \ التلفاز

Emettre :
الإرسال

Station d'émission : محطة إرسال
Diffuser / émettre / transmettre : إذاعة
Station émettrice (radio) : محطّة إذاعة
Emettre / diffuser : بثّ – يبثّ
Sur les ondes : على الهواء
Emettre sur les ondes / diffuser : البثّ على الهواء
En direct : على الهواء مباشرةً
En direct : البثّ الحيّ بثّ مباشر \ مباشرةً \
Transmettre / transmission en direct des événements :
نقل مباشر للأحداث
Les heures de diffusion / d'émission : ساعات البثّ
Rediffuser une émission : إعادة بثّ برنامج
L'heure locale : التوقيت المحلّيّ
Un écran : شاشة – شاشات
Le petit écran : الشاشة الصغيرة \ الشاشة الفضّيّة

Les chaînes :
المحطات

Une chaîne : محطّة - محطّات
Le siège de la chaîne : مقرّ المحطّة
Le bureau de la chaîne : مكتب المحطّة
Une chaîne / un canal : قناة – قنوات
Une chaîne hertzienne : قناة أرضيّة
Une chaîne locale : قناة محلّيّة
Créer une chaîne : إنشاء \ تأسيس محطّة
Lancer une chaîne : إطلاق محطّة

Préparer / Présenter les émissions :
إعداد وبثّ البرامج

Un présentateur / un animateur : مقدّم - مقدّمون
Présenter une émission : تقديم برنامج
Diffuser / présenter une émission : عرض برنامج
Un speaker : مذيع – مذيعون
Les cadres : الكوادر
Les décideurs : صنّاع القرار
Ceux qui sont en charge de la chaîne : القائمون على القناة
Une émission / un programme : برنامج – برامج
Une émission en direct / live : برنامج حيّ – برامج حيّة
Une émission enregistrée : برنامج مسجّل – برامج مسجّلة
Préparer une émission : إعداد برنامج
Produire une émission : إنتاج برنامج
Le producteur de l'émission : منتج البرنامج
La société productrice : الشركة المنتجة
Un correspondant : مراسل - مراسلون
Un correspondant spécial : مراسل خاص
Le correspondant en chef : كبير المراسلين
Un attaché de presse : ملحق إعلاميّ
Un studio : استديو – استديوهات
Un photographe / un cameraman : مصوّر - مصوّرون
Derrière les coulisses : خلف الكواليس
L'invité du programme : ضيف – ضيوف البرنامج
L'émission accueille / reçoit… : ... يستضيف البرنامج
L'arrêt de l'émission : توقف البرنامج
Les célébrités / les « people » : المشاهير
Les stars / les vedettes : نجمة – نجم – نجوم
Le star système : النجوميّة

III. Les médias

Regarder les émissions :
مشاهدة البرامج

Un téléspectateur : مشاهد – مشاهدون
Un spectateur : متفرّج - متفرّجون
Suivre une émission : متابعة برنامج

Les chaînes satellitaires :
الفضائيّات

Un satellite : قمر اصطناعيّ – صناعيّ \ صناعيّة – أقمار اصطناعيّة \ صناعيّة
Une chaîne par satellite :
قناة فضائيّة – قنوات فضائيّة \ فضائيّة – فضائيّات
Une chaîne codée : قناة مشفّرة
Un bouquet : مجموعة \ باقة
Le guide des chaînes satellitaires : دليل الفضائيّات
Une chaîne d'information en continu : قناة إخباريّة – قنوات إخباريّة
La révolution technologique : الثورة التكنولوجيّة
La révolution des informations et de la communication :
ثورة المعلومات والاتّصال

Les nouveautés :
المستجدّات

Un phénomène nouveau : ظاهرة جديدة
Habituel / connu / inhabituel : مألوف \ غير مألوف
Une chaîne controversée / qui suscite la polémique :
قناة مثيرة للجدل

En contexte : la télévision

L'irruption des chaînes satellitaires dans le nouvel espace médiatique.

اقتحام الفضائيّات للساحة الإعلاميّة الجديدة.

Les chaînes satellitaires constituent un phénomène nouveau pour le téléspectateur arabe.

الفضائيّات ظاهرة جديدة للمشاهد العربيّ.

Le travail du journaliste :
عمل الصحفيّ

Professionnalisme :
مهنيّة / احتراف

Un professionnel : مهنيّ – مهنيّون \ محترف – محترفون
La performance professionnelle : الأداء المهنيّ
La compétence : كفاءة ـ كفاءات
Des compétences professionnelles : كفاءات مهنيّة
Des capacités professionnelles : قدرات مهنيّة واحترافيّة
Des capacités techniques : قدرات فنّية
Des moyens techniques et matériels : إمكانيّات ماديّة وفنّيّة
Le professionnalisme rigoureux / exigeant : الدقة في المهنيّة
Expérience professionnelle : خبرة مهنيّة
La compétence / habileté professionnelle : براعة مهنيّة
Un haut degré de crédibilité professionnelle : مصداقيّة مهنيّة عالية

III. Les médias 149

Techniques du discours médiatique :
أساليب الخطاب الإعلاميّ

La méthodologie : المنهجيّة
L'arrière-plan : الخلفيّة
L'arrière-plan théorique de la création de la chaîne al Jazira :
الخلفيّة النظريّة لنشوء قناة الجزيرة
Le système de référence : المرجعيّة
Explication / expliquer : شرح \ تفسير – تفسيرات
Explicitation / expliciter : توضيح
Interprétation / interpréter : تأويل – تأويلات
Analyse / analyser : تحليل – تحليلات
Commentaire / commenter : تعليق – تعليقات \ تعقيب – تعقيبات
Evaluer : تقييم
Critiquer : انتقاد
Une vision critique : نظرة نقديّة \ رؤية نقديّة
Rechercher des renseignements / informations :
تقصّي معلومات \ استقصاء المعلومات
Faire une enquête / une investigation :
\ إجراء تحقيق تقصّي الحقائق \ استقصاء الحقائق
Etudier et interpréter : استقراء الأحداث
Donner une image claire, réelle et précise :
تقديم صورة واضحة واقعيّة ودقيقة
Légitimer : إضفاء الشرعيّة \ المشروعيّة على
Délégitimer : نزع الشرعيّة \ المشروعيّة عن
Sur le terrain / dans la réalité : على أرض الواقع \ ميدانيًّا

Déontologie et qualités journalistiques :
أخلاقيّات وخصائص العمل الصحفيّ

Les « vertus » / les valeurs :
الفضائل والقيم
La sincérité : الصدق
La justice : العدل \ العدالة

L'équité : الإنصاف
L'honnêteté dans le domaine du journalisme : الأمانة الصحفيّة
L'honnêteté / l'intégrité professionnelle : الاستقامة المهنيّة
Le respect mutuel : الاحترام المتبادل
L'audace : الجرأة
La discrétion et la mesure : الرزانة
La prudence et le tact : الحصافة
La courtoisie, le tact, et le doigté : الكياسة
La sympathie / l'empathie : التعاطف مع

La déontologie :
أخلاقيّات المهنة

Un code / une charte d'honneur : ميثاق شرف
Le code / la charte déontologique : ميثاق الشرف المهنيّ
Le cahier des charges : دليل السلوك المهنيّ
Les valeurs journalistiques : القيم الصحفيّة
Les principes déontologiques : المبادئ المهنيّة
Respecter les principes déontologiques : الالتزام بالمبادئ المهنيّة

Les qualités professionnelles :
الخصائص المهنيّة

L'équilibre : التوازن
Un discours médiatique équilibré : خطاب إعلاميّ متوازن
La modération : الاعتدال
Un discours médiatique modéré : خطاب إعلاميّ معتدل
La confidentialité / le secret : السرّيّة
L'exactitude / la justesse / la rigueur / la précision : الدقة
La rationalité : العقلانيّة
D'une manière rationnelle : بطريقة عقلانيّة
La logique : المنطق
D'une manière logique : بطريقة منطقيّة
La rigueur : الصرامة
Le sérieux : الجدّيّة

III. Les médias

La légalité : الشرعيّة
La légitimité : المشروعيّة
L'indépendance : الاستقلال
Une analyse indépendante : تحليل مستقلّ
L'autonomie : الاستقلاليّة
La transparence : الشفافيّة
La validité / l'exactitude / la véracité / la fiabilité : الصحّة
Le bien fondé / la fiabilité / l'authenticité : الموثوقيّة \ الصدقيّة
La crédibilité : المصداقيّة
L'objectivité : موضوعيّة \ حياد \ حياديّة
Respecter l'objectivité et la transparence :
مراعاة الموضوعيّة والشفافيّة
La neutralité : حياد \ حياديّة \ عدم الانحياز
Rester neutre / garder la neutralité : التزم الحياد
Croire / accorder crédit à : الوثوق بـ \ تصديق الشيء
Une information digne de confiance / crédible / que l'on peut croire : خبر يمكن الوثوق بصحّته
Gagner la confiance du téléspectateur : كسب ثقة المشاهد
Consolider la confiance du téléspectateur dans la chaîne :
تعزيز ثقة المشاهد بالقناة
Le fait d'être solidaire avec / en harmonie avec :
التجاوب \ التفاعل \ التضامن مع

Les « vices » :
الرذائل

Des médias hypocrites : إعلام منافق
Des organes de presse qui induisent en erreur : إعلام كاذب
Une presse qui trompe : إعلام خادع
L'opacité : الغموض الضبابيّة \
Mettre en doute l'authenticité de l'information :
التشكيك في صدقيّة الخبر

En contexte : le travail du journaliste

Professionnalisme
La chaîne a réussi, par son haut degré de professionnalisme et par la transparence qu'elle a adoptée dans son parcours, à obtenir la confiance de la rue arabe.

استطاعت القناة بمصداقيّتها المهنيّة العالية، وبالشفافيّة التي انتهجتها في مسيرتها أن تكتسب ثقة الشارع العربي.

Techniques du discours journalistique
Un minimum de méthodologie et de rigueur scientifique.

حدّ أدنى من المنهجيّة والصرامة العلميّة.

Déontologie et qualités journalistiques
Evaluer la fiabilité et l'impartialité de l'information.

تقييم وتقدير مصداقيّة وحياديّة المعلومة.

Garantir l'objectivité, la crédibilité et l'autonomie de la chaîne.

ضمان موضوعيّة ومصداقيّة واستقلاليّة القناة.

Etudier le phénomène de façon objective, loin des sensibilités politiques et idéologiques.

دراسة الظاهرة في شكل موضوعيّ، بعيداً عن الحساسيّات السياسيّة والإيديولوجيّة.

Transmettre les informations avec une formulation qui soit digne de confiance.

نقل \ إيصال الأخبار بصيغة يمكن الوثوق بها وتصديقها.

Enquêter sur l'authenticité de l'information venant de sources diverses.

تحرّي صحة ودقة المعلومات الواردة من مختلف المصادر.

III. Les médias 153

Examiner et comprendre ce qui s'est réellement passé sur le terrain.
استقراء ما حصل على أرض الواقع.

Transmettre ce qui se passe sur le terrain sans maquiller les faits et sans complaisance :
نقل ما يجري على الأرض \ ميدانياً دون تزويق أو محاباة.

Informations et débats :
الأخبار والحوارات

Informations :
الأخبار

Les informations télévisées :
في التلفزيون الأخبار

Les informations : خبر – أخبار \ نبأ – أنباء
Une information / un renseignement : معلومة – معلومات
Un événement / un fait : حدث – أحداث \ وقائع
Le journal télévisé / le bulletin d'information : الأنباء - نشرات الأخبار نشرة الأخبار \
Les titres : عناوين النشرة
En bref / le résumé : موجز النشرة
Urgent : خبر عاجل - أخبار عاجلة \ خبر طارئ – أخبار طارئة
Une couverture médiatique : تغطية إعلاميّة
Couvrir l'événement : تغطية الحدث
S'intéresser à l'événement : الاهتمام بالحدث
Présenter le déroulement des faits : عرض الوقائع
Une agence de presse : وكالة أنباء – وكالات أنباء
Une source : مصدر – مصادر
Une source d'information : مصدر للأنباء
Une source bien informée : مصادر مطلعة مصدر مطلع -

Une source sûre : مصدر موثوق
Une information locale : خبر محلّي
Une information régionale : خبر إقليميّ
Une information internationale : خبر عالميّ \ دوليّ

La concurrence :
المنافسة

La concurrence : منافسة \ تنافس
Un concurrent / un rival : منافس – منافسون
Un adversaire / un rival : خصم – خصوم – أخصام
Une guerre médiatique : حرب إعلاميّة
Une bataille médiatique : معركة إعلاميّة
Un espace concurrentiel : ساحة تنافسيّة
Une concurrence exacerbée : منافسة محتدمة
Le climat de concurrence exacerbée : أجواء التنافس المحتدم
Une concurrence loyale et non faussée : منافسة نزيهة وصادقة
Attirer les journalistes : استقطاب \ جذب الصحافيين

Débattre :
مناقشة

Les débats :
الحوارات

Débattre / discuter : مناقشة \ نقاش
Débattre en direct : المناقشة على الهواء
Discuter / polémiquer : مجادلة
Les débats : حوار – حوارات \ نقاش – نقاشات
Des émissions de débats : برامج حواريّة
Des émissions interactives : برامج تفاعليّة
Une tribune : منبر – منابر

Les dossiers brûlants :
القضايا الساخنة

Un problème : مشكل – مشكلة – مشاكل
Un sujet / un thème : موضوع – مواضيع – موضوعات
Un dossier : ملفّ – ملفات
Une question : مسألة – مسائل
Une cause / une question / une affaire : قضيّة – قضايا
Une affaire : شأن – شؤون
Les questions d'actualité / du moment : قضايا الساعة
Un sujet épineux : مسألة شائكة
Un sujet sensible / délicat : مسألة حسّاسة حرجة
Une polémique / une controverse : مسألة مثيرة للجدل
Un sujet / une question qui suscite / qui soulève la polémique
مسألة \ قضيّة تثير الجدل
Une polémique / une question controversée / une controverse
مسألة خلافيّة \ مسائل خلافيّة
Traiter les dossiers : معالجة الملفات \ القضايا
Aborder un thème : التطرّق إلى موضوع تناول موضوع \
Gérer une affaire : التعامل مع قضيّة
Gérer / avoir affaire à : تعاطي الأمر \ الشأن

Un vif débat :
حوار ساخن

Une controverse / une dispute philosophique : مناظرة – مناظرات
Un débat / une discussion / une controverse / une polémique / une querelle : سجال – سجالات جدل \ جدال \
Des débats / des polémiques houleuses : سجالات محتدمة \ ساخنة
La polémique enfle / s'envenime / fait rage : يحتدم الجدل
Un règlement de comptes : تصفية حسابات

S'exprimer :
التعبير عن

Une opinion / un avis : رأي – آراء
Un point de vue : وجهة نظر – وجهات نظر
Une attitude / une prise de position : موقف – مواقف
Une idée / une pensée : فكرة – أفكار
Une vision : نظرة – نظرات \ رؤية - رؤى
Une vision du monde : رؤية للكون \ للعالم
Du point de vue de / selon l'optique : من منظور
L'opinion publique : رأي عام
Des avis contradictoires : آراء متضاربة \ متناقضة
Des points de vue contradictoires : وجهات نظر متعارضة \ متناقضة
Des points de vue divergents : وجهات نظر متباينة \ متفاوتة
Des points de vue autres : وجهات نظر مغايرة
Façon de penser : طريقة التفكير \ نمط التفكير
La pensée arabe : الفكر العربيّ \ العقل العربيّ
Donner son avis : أدلى برأيه
Prendre position : اتّخاذ موقف

Organiser un débat :
تنظيم حوار

Les protagonistes : المشاركون \ أطراف الحوار
Les participants / les intervenants :
متحاور - متحاورون \ محاور – محاورون \ مشارك – مشاركون
Les parties concernées : الأطراف المعنيّة
L'invité du débat : ضيف الحوار - ضيوف الحوار
Le présentateur du débat : مقدّم الحوار
Recevoir un invité : استضاف – يستضيف – استضافة
Organiser un débat : تنظيم حوار \ نقاش \ مناقشة
Participer à une émission : المشاركة في برنامج
La partialité / le parti pris/ prendre fait et cause pour / se ranger aux côtés de : الانحياز لـ - إلى \ التحيّز لـ - إلى
Partial / tendancieux / avoir pris parti pour : منحاز متحيّز \
Avoir une attitude partisane : اتّخذ موقفا منحازاً

III. Les médias

L'animateur de l'émission ne prend pas partie / reste neutre :
يبقى مقدّم البرنامج حياديّا \ محايدا.
Des observateurs neutres / indépendants :
مراقبون حياديون
Une intervention : مداخلة – مداخلات
Une intervention téléphonique : مداخلة هاتفيّة
Une approche : مقاربة – مقاربات
Un sondage / une enquête d'opinion : استطلاع رأي \ استفتاء
Le vote du public : تصويت الجمهور

En contexte : informations et débats

Les informations

Couvrir les informations d'une manière inhabituelle pour le téléspectateur arabe.
تقديم تغطيات إخباريّة بطريقة لم يعهدها المشاهد العربيّ.

La lutte entre les chaînes est en fait le reflet de la lutte politique par le biais des chaînes satellitaires :
إنّ الصراع بين القنوات إنما هو انعكاس صراع سياسيّ عبر الفضائيّات.

La BBC a l'intention de lancer une chaîne de télévision d'information en continu en langue arabe.
تعتزم هيئة الإذاعة البريطانيّة إطلاق قناة تلفزيونيّة إخباريّة باللغة العربيّة.

Débattre

Les débats

Il y a eu une joute oratoire entre les deux parties.
جرت \ دارت معركة كلاميّة حادة \ مشادّة بين الطرفين.

Un débat ouvert et franc s'est déroulé dans ce contexte.
ودار نقاش مفتوح وصريح في هذا الإطار.

Une tribune pour ceux qui n'ont pas de tribune.
منبر من لا منبر له.

S'exprimer / Les dossiers brûlants

Les intervenants exposent leurs idées et défendent leurs opinions politiques.
يقوم المحاورون بالتعبير عن \ بطرح أفكارهم ويدافعون عن آرائهم السياسيّة.

Le droit de l'individu à exprimer son avis sans entraves / sans contraintes.
حقّ الشخص \ الفرد في التعبير عن رأيه بدون قيود.

Exprimer des points de vue indépendants par rapport aux positions officielles.
إدلاء \ طرح وجهات نظر مستقلّة عن المواقف الرسميّة.

Des opinions relativement indépendantes ont trouvé dans les nouveaux moyens de communication transnationaux un moyen d'étendre leur audience.
وجدت بعض الآراء المستقلّة في أجهزة الإعلام الجديدة وسيلة لنشر نفوذها.

Des confrontations sur des sujets sensibles et controversés.
مواجهات حول موضوعات حسّاسة وقضايا خلافيّة.

Mettre l'accent sur des dossiers et des idées qu'il était difficile de diffuser en direct auparavant.
التركيز على القضايا والأفكار التي كان من الصعب إذاعتها مباشرة على الهواء.

Susciter des interrogations et des étonnements.
يثير علامات الاستفهام والتعجّب.

Organiser le débat

Organiser des débats avec la participation des téléspectateurs.
تنظيم مناقشات مصحوبة بمشاركة المشاهدين.

III. Les médias

Encourager les téléspectateurs à donner leurs points de vue et leurs commentaires par des interventions téléphoniques.
تشجيع المشاهدين على تقديم وجهات نظرهم وتعليقاتهم عبر مداخلات هاتفيّة.

Avoir une attitude contestable / discutable.
اتّخاذ موقف مثير للجدل.

Le public conteste / met en doute l'objectivité de l'animateur.
يشكّك الجمهور بحياديّة وموضوعيّة مقدّم البرنامج.

Eviter d'être partial ou de donner l'avantage à une partie aux dépens de l'autre.
تجنّب الانحياز أو تغليب طرف على آخر.

Aborder avec objectivité la pluralité qui caractérise les sociétés humaines.
التعامل الموضوعيّ مع التنوّع الذي يميّز المجتمعات البشريّة.

Présenter les différents points de vue sans complaisance ni parti pris.
تقديم وجهات النظر المختلفة دون محاباة أو انحياز لأي منها.

Impact sur le public :
التأثير على الجمهور \ التداعيات على الجمهور

Les missions des médias :
مهمّة – مهامّ الإعلام

Le rôle des médias : دور – أدوار الإعلام
La tâche des médias / la mission des médias : مهمّة – مهامّ الإعلام
La fonction des médias : وظيفة – وظائف الإعلام
La communication : التواصل \ الاتّصال

Eduquer : التربية
Instruire : التثقيف
Sensibiliser : التوعية والتحسيس
La prise de conscience : الوعي بـ
Mettre en garde et prévenir : التحذير
Promouvoir la citoyenneté : الترويج للمواطنة
Renforcer la cohésion sociale : تعزيز الترابط الاجتماعيّ \ التلاحم الاجتماعيّ \ التماسك الاجتماعيّ
Emanciper : تحرير
S'émanciper : تحرّر
Obtenir des informations : الحصول على المعلومات
Véhiculer / diffuser des informations / informer : نشر معلومات
Elargir les connaissances : توسيع المدارك والمعارف
Enrichir les connaissances : إثراء المعلومات والمعارف
L'ouverture au monde : الانفتاح على العالم
Connaître les cultures autres : التعرّف على الثقافات المغايرة
Diffuser / propager / véhiculer une culture unifiée / normalisée : نشر ثقافة موحّدة
Etre un pont entre les peuples et les cultures : أن يكون الإعلام جسراً بين الشعوب والثقافات
Véhiculer les valeurs de la tolérance, de la démocratie et le respect des libertés et des droits de l'homme : نشر قيم التسامح والديمقراطيّة واحترام الحرّيّات وحقوق الإنسان

Forger une opinion publique :
تكوين \ تشكيل رأي عامّ

Agir sur les esprits / influencer : التأثير في الأذهان
Agir sur / influencer les comportements : التأثير في السلوكيّات
Forger / façonner l'opinion publique : صياغة الرأي العامّ
L'émergence d'une opinion publique : نشوء \ بروز رأي عامّ
La cristallisation d'une opinion publique : تبلور رأي عامّ
La rue arabe / l'opinion publique arabe : الشارع العربيّ
L'homme de la rue : رجل الشارع
Orienter l'opinion publique : توجيه الرأي العامّ

III. Les médias

Les tendances de la rue arabe : توجّهات الشارع العربيّ
Les aspirations des peuples : تطلّعات الشعوب

Manipuler les esprits :
التلاعب بالعقول

Délégitimer / décrédibiliser : نزع الشرعيّة والمشروعيّة عن
Instrumentaliser qqch au service de : توظيف \ تسخير ... لخدمة
Dramatiser à outrance / faire peur : التهويل
Simplification abusive : تبسيط مخلّ
Un regard réducteur et simplificateur : نظرة اختزال وتبسيط
Un regard sélectif : نظرة انتقائيّة
Une généralisation : تعميم
Une uniformisation / normalisation / standardisation : تنميط
Des clichés / des stéréotypes : أفكار مسبقة \ صور نمطيّة
Falsifier les faits : تحريف الوقائع \ تزييف الوقائع
Dénaturer / déformer les faits : تشويه الوقائع
Déformer l'image de / ternir l'image de : تشويه صورة الـ
Redorer le blason de ... : تلميع صورة الـ تجميل صورة الـ \
Maquiller les faits / édulcorer les faits : تزويق الوقائع
La désinformation : التعتيم \ التكتيم \ التضليل
La rétention d'information : التكتيم
Rendre opaque / le brouillage : التعتيم
Induire en erreur : التضليل
Lavage de cerveau : عملية غسل الدماغ
La propagande : الدعاية
Un slogan : شعار – شعارات
Mettre le public sous tutelle : وضع الجمهور تحت الوصاية
Etre tuteur de : وصيّ على
L'aliénation : الاستلاب
Mobiliser / galvaniser : حشد \ تعبئة \ استنفار
Gagner les cœurs et les esprits : كسب العقول والقلوب
Se soumettre : الانصياع \ الإذعان \ الاستسلام
Se conformer à : الامتثال

En contexte : impact sur le public

Missions des médias

Les chaînes satellitaires jouent désormais un rôle important dans la propagation d'une culture arabe commune.
باتت الفضائيّات تلعب دوراً مهمّاً في نشر ثقافة عربيّة مشتركة.

Elargir la prise de conscience générale concernant les grandes causes qui touchent le public.
توسيع \ نشر الوعي العام بالقضايا المصيريّة التي تهمّ الجمهور.

Libérer / émanciper le citoyen du carcan des médias officiels :
تحرير المواطن من أسر الإعلام الرسميّ المتحجّر.

Le système de propagande officielle a été largement affaibli.
لقد تمّ إضعاف الدعاية الرسميّة بشكل واسع.

Les chaînes satellitaires jouent désormais un rôle dans l'adoption par le public de certaines idées et l'acquisition d'un minimum de connaissances.
أصبحت الفضائيّات تلعب دوراً في تبنّي الجمهور أراء معيّنة، وفي اكتساب حدّ أدنى من المعرفة.

Ces dernières années ont vu l'émergence d'un certain nombre de visions et de conceptions critiques concernant le rôle des médias et de la communication dans la vie des individus et des sociétés.
شهدت السنوات الأخيرة بروز رؤى وتصوّرات نقديّة عدّة عن دور الإعلام والاتّصال في حياة الأفراد والمجتمعات.

Forger une opinion publique

La capacité des chaînes satellitaires à fabriquer / façonner les opinions de la rue arabe.
قدرة الفضائيّات على صنع آراء الشارع العربي.

III. Les médias

L'ampleur de l'influence des chaînes satellitaires sur la rue arabe a été bien établie.

ثبت حجم تأثير الفضائيّات في الشارع العربي.

L'opinion publique est devenue un enjeu réel que les dirigeants ne peuvent plus ignorer / négliger :

أصبح الرأي العامّ رهاناً حقيقيّاً لا يمكن للقادة تجاهلها.

Les dirigeants n'ont plus les moyens de faire croire aux populations ce qu'ils veulent.

لم يعد بمقدور الحكّام جعل مواطنيهم يصدّقون ما يريدونه لهم.

Manipuler les esprits

Délégitimer une tendance de l'opinion publique.

نزع الشرعيّة والمشروعيّة عن تيّار من تيّارات الرأي العام.

Instrumentaliser l'opinion publique au service des intérêts politiques et économiques.

توظيف \ تسخير الرأي العام لخدمة مصالح سياسيّة واقتصاديّة.

La liberté de la presse :
حرّيّة الصحافة

Relations entre journalistes et détenteurs du média :
العلاقات بين صاحب الوسيلة الإعلاميّة والصحافيّ

Qualifier les relations :
توصيف العلاقات

Des relations complexes : علاقات معقّدة
Des relations multidimensionnelles :
علاقات متعدّدة الجوانب \ متعدّدة الأبعاد

Des relations souples : علاقات مرنة \ ذات مرونة
Une relation pyramidale : علاقة هرميّة

Orientation et autocensure : التوجّه والرقابة الذاتيّة

La ligne éditoriale : الخط الافتتاحيّ \ التحريريّ
La politique éditoriale : السياسة الافتتاحيّة
L'orientation éditoriale : التوجّه الافتتاحيّ \ التحريريّ
La politique rédactionnelle : السياسة التحريريّة
Indiquer l'orientation : تحديد التوجّه
Imposer l'orientation : فرض التوجّه
Exercer un contrôle sur / maîtriser : التحكم بـ
Contrôler / observer : مراقبة
Délimiter / fixer les lignes rouges : تحديد الخطوط الحمر
Ne pas dépasser / ne pas franchir les lignes rouges : عدم تجاوز \ عدم تخطّي الخطوط الحمر
Dominer / contrôler : السيطرة على
Exercer des pressions : ممارسة ضغوط
Réexaminer : إعادة النظر في
Remettre en cause : مراجعة
Une presse sous influence : إعلام مسيّر
Demander des comptes : محاسبة \ مساءلة
L'autocensure : الرقابة الذاتيّة
Respecter les contraintes et régulations : التقيّد بالضوابط
La diffamation : التشهير \ التجريح
Des opinions interdites : آراء محظورة
Les sujets qui fâchent : القضايا الخلافيّة
Les polémiques : المسائل المثيرة للجدل
Les questions sensibles : المسائل الحسّاسة
Les dossiers épineux : الملفات الشائكة
Des tabous : محرّمات
Des interdits : مواضيع محظورة \ محظورات
Susciter des dissensions religieuses / confessionnelles : إثارة فتن دينيّة
Porter atteinte aux symboles religieux : الإساءة للرموز الدينيّة
Incitation à la violence : الحضّ \ التحريض على العنف

III. Les médias 165

Nuire aux intérêts nationaux : الإضرار بالمصالح الوطنيّة
Nuire à la souveraineté de l'Etat : الإضرار بسيادة الدولة

Censure et libertés :
الرقابة والحرّيات

Censure :
الرقابة

Imposer une censure stricte : فرض رقابة صارمة
Un censeur : رقيب – رقباء
Contrôler et interdire : السيطرة والمنع
Empêcher / interdire : منع \ حظر
La répression / réprimer : القمع
La dépendance / la vassalité / la subordination : التبعيّة
Une presse encerclée : إعلام تحت الحصار
Intimider / faire peur : التخويف
Intimidations et sanctions : تخويف وعقوبات
Exercer des pressions : ممارسة ضغوط
La mainmise du pouvoir sur les médias :
تحكم \ هيمنة السلطة على الإعلام
La ligne rouge : الخط الأحمر – الخطوط الحمر
La liste des sujets tabous est longue : هناك قائمة طويلة من المحرّمات
Passer sous silence les scandales : حجب الفضائح
Exercer des activités hostiles à … : معادية لـ ممارسة أنشطة
Hégémonie / mainmise / emprise : السيطرة \ الهيمنة
Rétrécir le champ des libertés : التضييق على الحرّيات
Réduire le champ des libertés : تقليص هامش الحرّيات
Entraver la liberté d'expression : تقييد حرّيّة التعبير
La domestication des médias / dompter les médias :
تدجين \ تركيع \ ترويض الإعلام
Fermer le bureau de la chaîne : إغلاق مكتب القناة
Museler / bâillonner et faire taire : تكميم فم القناة وإسكاتها
Faire taire la chaîne : إسكات المحطّة \ القناة
Prendre des sanctions contre : فرض عقوبات على
Suspendre le journal : تعليق الجريدة

Confisquer le matériel : مصادرة المعدّات
Arrêter / incarcérer : اعتقال
Condamner : إدانة
Licencier : تسريح الصحافيّ \ فصله عن عمله
Etre la cible d'agressions : التعرّض لاعتداءات

Libertés :
الحرّيّات

L'indépendance : الاستقلال
L'autonomie : الاستقلاليّة
Des médias indépendants : إعلام مستقلّ
Des médias libres : إعلام حرّ
Le message libre des médias : الرسالة الإعلاميّة الحرّة
La liberté des médias / d'informer : حرّيّة الإعلام
La liberté de la presse : حرّيّة الصحافة
La liberté d'opinion : حرّيّة الرأي
La liberté d'expression : حرّيّة التعبير
La liberté d'informer / de diffuser des informations : حرّيّة نشر معلومات وأخبار
La liberté de parole : حرّيّة الكلام
Réclamer la liberté de parole : المطالبة بحرّيّة الكلام
La marge de liberté : هامش الحرّيّة \ سقف الحرّيّة
Les libertés individuelles : الحرّيّات الشخصيّة
Elever la marge de liberté : رفع سقف الحرّيّات
Donner une marge de liberté : إعطاء هامش من الحرّيّة
Les limites légales de la liberté d'expression : الحدود القانونيّة لحرّيّة التعبير
Le droit de savoir : حقّ الإنسان في المعرفة
La démocratie : الديمقراطيّة
Les droits de l'homme : حقوق الإنسان
La tolérance : التسامح
S'écarter de l'orientation imposée : الابتعاد عن التوجّه المفروض
Critiquer : نقد \ انتقاد – انتقادات
Contester / protester : الاحتجاج
Dénoncer des pratiques autoritaires : إدانة ممارسات سلطويّة

III. Les médias 167

Fustiger / dénoncer / stigmatiser / condamner :
التنديد بـ \ شجب \ إدانة
Dénoncer la corruption : التنديد بالفساد
Appeler à un changement politique et social :
الدعوة إلى تغيير سياسيّ واجتماعيّ
Critiquer les politiques gouvernementales : انتقاد سياسات الدولة

Des organisations de défense des droits de l'homme :
هيئات \ منظّمات للدفاع عن حقوق الإنسان
L'observatoire des médias : المرصد الإعلاميّ
Reporter sans frontières : مراسلون بلا حدود
Amnesty international : منظمة العفو الدوليّة

Pluralité / monopole :
تعدّديّة | احتكار

Avis / opinions multiples : أكثر من رأي
La pluralité des médias : التعدّديّة الإعلاميّة
La diversité médiatique : التنوّع الإعلاميّ
La multiplicité des sources d'informations : تعدّد مصادر المعلومات
Le monopole : حكر
Le fait de monopoliser : احتكار
La dépendance / la subordination / la vassalité : التبعيّة
La connivence / la complicité / la collusion : التواطؤ
La complaisance : المحاباة
La concentration de la presse :
تركز الصحافة في أيدي عدد محدود من الأشخاص أو الهيئات
Un conflit d'intérêt : تضارب \ تعارض المصالح
Des intérêts croisés : مصالح متشابكة
Un lobby / un groupe de pression : جماعة ضغط – جماعات ضغط
Un réseau d'influence : شبكة نفوذ

En contexte : la liberté de la presse

Relations entre journalistes et détenteurs des médias

La problématique de la relation de l'intellectuel au pouvoir.

إشكاليّة علاقة المثقف بالسلطة.

La problématique d'une presse sous influence dirigée / orientée par ceux qui possèdent ces médias.

إشكاليّة إعلام مسيّر من طرف الجهات المالكة لهذا الإعلام.

Les médias peuvent-ils être libres et indépendants dans le contexte d'un Etat fort et d'une société civile faible ?

هل يستطيع الإعلام أن يكون حرّاً ومستقلاً في ظلّ دولة قويّة ومجتمع مدنيّ ضعيف؟

Adopter une ligne éditoriale claire.

توجّه تحريريّ واضح. إتّباع \ تبنّي

Le contrôle s'exerce grâce à l'autocensure.

تتمّ المراقبة عبر الرقابة الذاتيّة.

Le responsable de la ligne éditoriale de la chaîne déclare ne pas subir de pressions.

يعلن المسؤول عن الخطّ الافتتاحيّ للمحطّة أنه لا يخضع \ لا يتعرّض لضغوط.

Censure et libertés

Les illusions de la liberté des médias.

أوهام الحرّية في الإعلام.

La chaîne a suscité des protestations de la part du gouvernement.

أثارت المحطّة احتجاجا من طرف الحكومة.

Le gouvernement américain a exprimé son agacement et sa colère à l'encontre des pratiques de la chaîne.
أبدت الحكومة الأمريكية ضيقها وغيظها من ممارسات المحطّة.

Le temps de la censure et de la désinformation est terminé.
انتهى زمن الرقيب والرقابة والتعتيم الإعلاميّ.

Consolider et consacrer la liberté du travail du journaliste.
تعزيز وتكريس حرّية العمل الصحفيّ.

Coopérer avec les syndicats de journalistes pour défendre la liberté de la presse et de l'information.
التعاون مع النقابات الصحفيّة للدفاع عن حرّية الصحافة والإعلام.

La chaîne jouit de l'autonomie administrative et financière.
تتمتّع القناة بالاستقلاليّة الإداريّة والماليّة.

La chaîne bénéficie d'une grande liberté rédactionnelle.
تحظى المحطة بحرّية تحرير واسعة.

L'espace de liberté médiatique sur les chaînes satellitaires privées est plus grand que chez leurs homologues officiels.
إنّ مساحة الحرّية الإعلاميّة في القنوات الفضائيّة الخاصّة أكبر من نظيراتها الرسميّة.

Les actions des dirigeants sont désormais observées, évaluées, et peuvent être rejetées si elles ne correspondent pas aux aspirations des peuples.
باتت أفعال أصحاب السلطة خاضعة للنظر والتقييم، ومن المحتمل أن يتمّ رفضها إذا ما كانت غير مطابقة لتطلعات الشعوب.

Pluralité / monopole

L'espace médiatique n'est plus le monopole de l'Etat.
لم تعد الساحة الإعلاميّة حكراً على الدولة.

L'Etat ne peut plus monopoliser / accaparer la sphère médiatique.

لم يعد بمقدور الدولة احتكار الفضاء \ الحيّز الإعلاميّ.

Le téléspectateur a désormais la capacité d'opérer des choix.

بات بإمكان المشاهد اختيار ما يريد مشاهدته.

Offrir des points de vue et des visions différentes.

تقديم وجهات نظر وآراء مختلفة.

Le slogan de la chaîne Al Jazira : l'opinion et l'opinion contraire.

شعار الجزيرة الرأي والرأي الآخر.

La collusion de la presse, des milieux économiques et des cercles politiques.

تواطؤ الصحافة مع الأوساط الاقتصاديّة ودوائر السلطة السياسيّة.

Mettre en place / construire un réseau d'influence et des lobbies.

إنشاء سبكات نفوذ وجماعات الضغط.

La télévision de divertissement :
تلفاز للترفيه

Les types d'émissions :
أنواع البرامج

Des émissions d'information : برامج إخباريّة
Des programmes documentaires : برامج وثائقيّة
Des programmes de débats : برامج حواريّة
Des programmes religieux : برامج دينيّة

III. Les médias

Des programmes culturels : برامج ثقافيّة
Des programmes de divertissement : برامج ترفيهيّة
Des programmes pour enfants : برامج الأطفال

Emissions pour enfants :
برامج الأطفال

Un dessin animé : صور متحرّكة
Un cartoon : كرتون \ مسلسل كرتونيّ
La télévision de la nouvelle génération : تلفزيون الجيل الصاعد
Eduquer : التربية
Instruire : التثقيف
Sensibiliser : التوعية والتحسيس
Amuser et divertir : التسلية والترفيه
Le plaisir et la connaissance : المتعة والمعرفة
Un contenu éducatif : مضمون تربويّ
La capacité éducative des médias : القدرات التعليميّة للإعلام
Un contenu sérieux : مضمون جاد

Les jeux et les variétés :
الألعاب والمنوّعات

Généralités :
اعتبارات عامّة

L'industrie du loisir : صناعة الترفيه
Un jeu télévisé : لعبة تلفزيونيّة – ألعاب تلفزيونيّة
Un jeu / un concours : مسابقة – مسابقات
La télé réalité : تلفزيون الواقع
Faire participer x à : إشراك فلان في
Participer à : المشاركة في
Un participant : مشارك مشاركون -
Voter : التصويت
Un gagnant : فائز – فائزون

Gagner : فاز بـ - يفوز بـ
Un prix : جائزة – جوائز \ مكافأة – مكافآت
Un cadeau : هديّة – هدايا
Le vote se déroule par téléphone et par SMS : يجري التصويت هاتفيّا وعبر خدمة الرسائل النصيّة القصيرة
Offrir des prix et des cadeaux : تقديم جوائز \ مكافآت
X a devancé Y : تقدّم على   تفوّق على \
Occuper la 1ère place : احتلّ المرتبة الأولى

Importer, adapter des émissions de divertissement : استيراد واقتباس برامج ترفيهيّة

Arabiser : تعريب
Arabiser les programmes étrangers : تعريب البرامج الأجنبيّة
Modifier : تعديل \ إدخال تعديلات
Des émissions préparées localement : برامج معدّة محليّا
Des émissions importées : برامج مستوردة
Adapter des œuvres littéraires : اقتباس أعمال أدبيّة
Les critères de sélection des émissions : معايير انتقاء \ اختيار البرامج

Les séries : المسلسلات

La fiction : الدراما
Une œuvre : عمل – أعمال
Une œuvre de fiction : عمل دراميّ – أعمال دراميّة
Un feuilleton / une série télévisée : مسلسل – مسلسلات
Un épisode : حلقة – حلقات
Les séries du Ramadan : المسلسلات الرمضانيّة
Une comédie : كوميديا \ مسلسل كوميديّ
Une série satirique : كوميديا ساخرة
Un acteur : ممثّل – ممثّلون
Le héros de la série : بطل المسلسل
Jouer le rôle de : قام بدور

III. Les médias

X joue le premier rôle dans la série ... :
يقوم ببطولة المسلسل... \ يشارك في بطولة المسلسل ...
Un artiste : فنّان – فنّانون
Une star / une vedette : نجم – نجمة
Le star système : النجوميّة
Un scénario : سيناريو - سيناريوهات
L'écriture télévisuelle : الكتابة التلفزيونيّة
Tourner / le tournage du feuilleton : تصوير المسلسل
Fabriquer des séries : صنع \ صناعة المسلسلات
La mise en scène : إخراج
Le metteur en scène : مخرج – مخرجون
La réalisation : تنفيذ
Produire des séries : إنتاج مسلسلات
La production : إنتاج
Des moyens de production : إمكانيّات إنتاج
Diffuser un feuilleton : عرض مسلسل

Audience :
نسبة المشاهدة

Les parts d'audience : نسبة المشاهدة – نسب المشاهدة
Un large public : جمهور عريض \ جماهير عريضة
Attirer : استقطاب \ جذب
Gagner : نال كسب \
Bénéficier de / jouir de : حظي بـ
Les critères du succès : معايير النجاح
Le goût du public : ذوق الجمهور
Le désir du public : رغبة الجمهور
Les exigences du public / ce que le public réclame :
الجمهور متطلّبات
Ce que le public réclame : الجمهور عايز كده (formule en dialecte égyptien).
La notoriété / la célébrité : الشهرة
La réussite / le succès : النجاح
L'échec : الفشل \ الإخفاق

La popularité / le succès / la vogue : الرواج
L'absence de succès : الكساد
La popularité : الشعبيّة
L'approbation / la satisfaction / le bon accueil : استحسان
L'admiration : إعجاب
Le mécontentement / l'insatisfaction : الاستياء
L'engouement : الإقبال \ الشغف
La colère : الغضب
L'indignation : سخط \ حفيظة
Un public enthousiaste : جمهور متحمّس
Un public blasé : جمهور فاتر
Un engouement de masse : إقبال جماهيريّ
La série connaît un vaste succès populaire :
يشهد المسلسل إقبالاً جماهيرياً واسعًا
Une grande notoriété populaire : شهرة جماهيريّة واسعة
Une émission sponsorisée par : ... هذا البرنامج برعاية
Le sponsor de l'émission : راعي البرنامج

En contexte : La télévision de loisir

Emissions pour enfants

L'importance de la télévision comme outil éducatif, pédagogique, instructif et de divertissement.

أهمّية التلفاز كجهاز تثقيفيّ وتربويّ وترفيهيّ.

La chaîne suit une politique pour développer un contenu éducatif et de divertissement.

تنتهج القناة سياسة لتطوير المضمون التربويّ الترفيهيّ.

Avoir des craintes concernant les nouvelles générations.

الخشية على الجيل الصاعد \ النشء الجديد.

L'influence / l'impact de la télévision sur la conscience de l'enfant.

تأثير التلفزيون على وعي الطفل.

III. Les médias

Les jeux
Faire participer le public au vote pour choisir les gagnants.
إشراك الجمهور في التصويت لاختيار الفائزين.

Introduire les modifications nécessaires pour que les émissions importées correspondent aux exigences du public arabe.
إدخال التعديلات اللازمة كي تنسجم البرامج المستوردة مع متطلبات الجمهور العربيّ.

Les séries
Dubaï offre des facilités de tournage.
تقدّم دبي تسهيلات في التصوير.

La série est diffusée exclusivement sur la chaîne…
المسلسل يعرض حصراً على قناة...

La fiction égyptienne attire des vedettes des différents pays arabes.
تستقطب \ تجذب الدراما المصريّة نجوماً من مختلف البلدان العربيّة.

L'émergence d'une véritable industrie télévisuelle syrienne.
تكوّن صناعة تلفزيونيّة سوريّة حقيقيّة.

Au niveau qualitatif et quantitatif.
على مستوى الكمّ والكيف \ النوعيّة.

Les critères de production reconnus / admis au niveau arabe.
معايير الإنتاج المتعارف عليها عربيّاً.

Travailler hors des sentiers battus.
العمل خارج النمط السائد.

L'audience

La chaîne recueille 30 % de parts d'audience.
تحظى المحطّة بنسبة مشاهدة تصل إلى 30 في المائة.

L'augmentation du nombre des téléspectateurs.
تزايد أعداد المشاهدين.

Attirer / fédérer la plus grande audience.
استقطاب \ جذب \ اجتذاب أكبر نسبة مشاهدة.

L'audience à n'importe quel prix.
الحصول على نسبة مشاهدة عالية مهما كان الثمن.

L'émission enregistre un taux d'audience de…
يسجّل البرنامج نسبة مشاهدة قدرها \ تقدّر بـ …

Ces émissions jouissent d'une grande popularité.
تحظى هذه البرامج بشعبيّة كبيرة \ بإقبال جماهيريّ عريض.

L'émission remporte un vrai succès au niveau des masses et des annonceurs.
يحقق البرنامج نجاحا جماهيريّا وإعلانيّا مهمًّا.

Les chaînes MBC et LBC sont plus populaires que les chaînes locales.
إن قنوات الأل بي سي والأم بي سي أكثر شعبيّة من القنوات المحليّة.

La série a obtenu l'admiration des foules de téléspectateurs.
نال المسلسل إعجاب جماهير المشاهدين.

La série figure en tête des émissions les plus regardées.
يأتي المسلسل على رأس قائمة البرامج الأكثر مشاهدةً \ متابعةً.

La série a provoqué la colère et l'indignation de la « rue » tunisienne.
أثار المسلسل حفيظة الشارع التونسيّ.

III. Les médias   177

La chaîne veille à suivre de près l'audience de l'émission pour prendre la décision de l'arrêter si cette audience baissait.
والمحطّة تحرص على متابعة نسبة مشاهدة البرنامج كي تعمد إلى إيقافه إذا تدنّت هذه النسبة.

La lutte pour attirer les téléspectateurs arabes fait rage entre les fictions syriennes et égyptiennes.
يظهر الصراع على استقطاب المشاهدين العرب على أشدّه بين الدراما السوريّة والمصريّة.

Médias et société :
الإعلام والمجتمع

Les thèmes et les limites :
المواضيع المتناوَلة والحدود

Le domaine social : المجال الاجتماعيّ
Le domaine politique : المجال السياسيّ
Le domaine religieux : المجال الدينيّ
Le domaine historique : المجال التاريخيّ
Les valeurs en usage / communément admises / reconnues / convenues : القيم المتعارف عليها
La morale : الأخلاق
Les interdits moraux / les tabous : المحظورات \ المحرّمات الأخلاقيّة
Les règles de bienséance : قواعد الاحتشام
La pudeur : الحياء
La discrétion et la retenue : الرزانة \ الرصانة
Dans le domaine sexuel : في المجال الجنسيّ
Porter atteinte à la pudeur : خدش الحياء العام
Des comportements indécents : تصرّفات مخلة \ سلوك مخلّ بالآداب
Le vice : الرذيلة – الرذائل
La dissolution des mœurs : الانحلال الخلقيّ

La permissivité / le laxisme : الإباحة
La pornographie : الإباحيّة
Des scènes pornographiques / de débauche : مشاهد إباحيّة
Des scènes de sexe : مشاهد جنسيّة
Les scènes de nudité : مشاهد العري
Le langage et les images crus et obscènes : اللغة والصور السافرة
L'excitation / la provocation : الإثارة
Prostitution / débauche / indécence / obscénité : الدعارة \ العهارة
Les évolutions sociales : التطوّرات الاجتماعيّة
Les mutations sociales : التحوّلات الاجتماعيّة
Les relations familiales : العلاقات العائليّة
L'autorité du père : سلطة الأب
L'image de la femme dans la fiction arabe : صورة المرأة في الدراما العربيّة
Les scènes de violence : مشاهد العنف
Règles et usages : القواعد والأعراف

Qualité des émissions :
نوعيّة البرامج

Les jugements négatifs :
الأحكام السلبيّة

Des émissions de débauche : برامج منحلّة
Des films de bas étage : أفلام هابطة
Ennui / ennuyeux : مُمِلّ مَلَل -
Naïf / naïveté : ساذج – سذاجة
Superficiel : سطحيّ
Vulgaire : فجّ
Galvaudé : مبتذل
Ridicule : مثير للسخرية
Un scénario naïf et ridicule : سيناريو ساذج ومستوى مثير للسخرية
Sous-développement intellectuel : تخلّف عقليّ \ ذهنيّ
Une perte de temps : مضيعة للوقت
Assèchement de la créativité : جفاف إبداعيّ

III. Les médias

Jugements positifs :
الأحكام الإيجابيّة
Un niveau de langue élevé / noble : لغة راقية
Une pensée ouverte et éclairée : فكر منفتح ومستنير
La quête / la recherche esthétique : السعي الجماليّ
Une production d'excellente qualité : إنتاج متميّز

Impact sur le public :
التأثير على الجمهور

La sympathie : التعاطف
Eprouver de la sympathie pour l'héroïne : التعاطف مع البطلة
Emouvoir le public : تحريك مشاعر الجمهور
S'adresser aux instincts : مخاطبة الغرائز
L'interaction : علاقة تفاعليّة \ علاقة التأثّر والتأثير
Gagner les esprits et les cœurs : كسب العقول والقلوب
L'ouverture : الانفتاح
La tolérance : التسامح
L'émancipation / s'émanciper : التحرّر
L'émancipation / émanciper l'autre : التحرير
L'aliénation : الاستلاب
Imiter : التقليد
Les mutations sociales : التحوّلات الاجتماعيّة
Un modèle culturel : نموذج ثقافيّ – نماذج ثقافيّة
Le mode de vie : نمط المعيشة – أنماط المعيشة \ العيش \ الحياة
Le système des valeurs / le paradigme des valeurs : منظومة القيم
L'ensemble des comportements : السلوكيّات
Forger de nouveaux comportements : صياغة سلوكيّات جديدة
Une mentalité : عقليّة – عقليّات
Avoir un impact sur les mentalités : التأثير على العقليّات
Subir les influences négatives : الخضوع \ التعرّض للتأثيرات السلبيّة
Les médias miroir / reflet de la société : الإعلام مرآة المجتمع
La dissolution morale : الانحلال الأخلاقيّ
Ces craintes sont exagérées : هذه المخاوف فيها الكثير من المبالغة
Ces craintes sont injustifiées : هذه المخاوف لا مبرّر لها \ غير مبرّرة

En contexte : médias et société

Thèmes et limites

Thèmes

Les sujets / les thèmes abordés par les séries touchent toutes les sociétés arabes.

تمسّ كلّ المجتمعات العربيّة. المواضيع التي تتناولها المسلسلات

Cette série reflète les évolutions et les mutations qui sont survenues / qui se sont produites dans la société :

يعكس هذا المسلسل التطوّرات والتحوّلات التي طرأت على المجتمع.

La fiction arabe évite d'aborder la trilogie de la religion, de la politique et du sexe.

الدراما العربيّة تتحاشى التطرّق إلى ثلاثيّة الدين والسياسة والجنس.

La série pose le débat sur la question des pressions que subit la jeune fille saoudienne.

يناقش المسلسل مسألة الضغوط التي تتعرّض لها الفتاة السعوديّة.

L'étude a mis l'accent sur les thèmes des relations entre les jeunes, leurs parents et leurs proches, ainsi que leurs attitudes et leurs comportements en ce qui concerne le sexe.

ركزت الدراسة على موضوعات علاقات الشباب بأهاليهم وأقربائهم وكذلك مواقفهم وتصرّفاتهم فيما يخصّ الجنس.

Eviter de diffuser tout ce qui incite à la violence et en fait la promotion.

تجنّب بث كلّ ما يحضّ على العنف ويروّج له.

Les limites

Respecter / s'en tenir aux règles de bienséance communément reconnues / admises / convenues.

الالتزام \ التقيّد بقواعد الرزانة والاحتشام المتعارف عليها.

III. Les médias

Respecter les valeurs et les constantes de la famille arabe et musulmane.

الالتزام بقيم وثوابت الأسرة العربية المسلمة.

La production souffre d'une très étroite marge de liberté accordée au scénariste à cause de l'importance de la censure dans le monde arabe en général.

العمل التلفزيوني يعاني من هامش الحرّية الضيّق جدًا الذي يخضع له كاتب السيناريو، بسبب تشدّد الرقابة في العالم العربيّ عمومًا.

Ce que l'artiste arabe travaillant dans le domaine de la fiction endure du fait de la censure et des conditions de production.

معاناة الفنّان العربيّ العامل في حقل الدراما التلفزيونيّة من الرقابة والظرف الإنتاجيّ.

Qualité des émissions

La décadence, la dissolution morale et la débauche.

الانحطاط والتهتّك الأخلاقيّ والجنسيّ.

Certains craignent que des aspects sérieux des médias reculent devant le déferlement / l'offensive d'émissions vulgaires et superficielles.

هناك من يخشى \ يتخوّف من تراجع بعض جوانب الإعلام الجادّ أمام هجمة البرامج السطحيّة الفجّة المبتذلة.

Une télévision qui prône / qui fait la promotion du sous-développement intellectuel.

تلفزيون يروّج للتخلف الذهنيّ.

Les auteurs de séries arabes souffrent d'un état aigu de dessèchement de la création artistique.

كتّاب الدراما العربيّة يعانون حالة من الجفاف الإبداعيّ الحادّ.

Impact sur le public

Selon une étude effectuée sur le terrain en 2005, la moyenne des heures passées devant la télé dans les milieux populaires varie entre 3 et 5 heures par jour.

. حسب دراسة ميدانيّة أجريت في عام 2005، فإن متوسّط ساعات المشاهدة التلفزيونيّة في الأوساط الشعبيّة يتراوح بين 3 و 5 ساعات يوميّا.

La série reflète les sentiments populaires.

يعكس المسلسل المشاعر الشعبيّة.

Montrer l'interaction entre les médias et le reste des phénomènes sociétaux.

إبراز علاقات التأثّر والتأثير بين الإعلام وسائر الظواهر المجتمعيّة.

Le rôle des programmes de télévision dans la formation de l'image de l'amour, du romantisme et du mariage.

دور البرامج التلفزيونيّة في تشكيل \ تكوين صورة حول الحبّ والرومانسيّة والزواج.

Se débarrasser de l'autorité de la famille.

التخلّص من سلطة الأسرة.

La jeunesse arabe imite le mode de vie occidental dans ses tenues vestimentaires, ses débats, et même sa nourriture.

الشباب العربيّ يقوم بتقليد نمط العيش الغربيّ في لباسه، وحواراته، وحتى في طعامه.

Véhiculer / propager des modèles culturels qui menacent l'identité et ont un impact négatif sur les sociétés arabes.

نشر نماذج ثقافيّة تهدّد الهويّة ولها تأثير سلبيّ \ تنعكس سلباً على المجتمعات العربيّة.

Instaurer une société plus ouverte et tolérante.

إرساء أسس مجتمع أكثر انفتاحاً وتسامحاً.

L'environnement

L'écologie :
البيئة

Concepts de base :
المصطلحات الأساسيّة

L'écologie : البيئة \ علم البيئة
L'environnement : البيئة \ المحيط
Le milieu naturel : المحيط الطبيعيّ \ الوسط الطبيعيّ
La nature : البيئة \ الطبيعة

Les acteurs :
الفاعلون

Les scientifiques :
العلماء

Les scientifiques / les chercheurs (dans le domaine de l'écologie) : علماء البيئة
Les climatologues : علماء المناخ
Les experts : خبير - خبراء
Les spécialistes : مختصّ - مختصّون \ أخصّائيون \ أخصّائي

Les écologistes :
أنصار البيئة

Les écologistes : أنصار البيئة \ المهتمّون بالبيئة
Les défenseurs de la nature : حماة البيئة \ المدافعون عن البيئة
Les militants écologistes : ناشط – نشطاء البيئة
Les organisations non gouvernementales / ONG : المنظّمات غير الحكوميّة
Greenpeace : منظّمة السلام الأخضر

IV. L'environnement   185

Les Amis de la Terre : منظّمة أصدقاء البيئة
Le parti des Verts : حزب الخضر

Les domaines touchés :
المجالات المعنيّة

Le climat : المناخ
Les pôles : القطبين
Les forêts : الغابات
La biodiversité : التنوّع الحيويّ
Pollution de l'air : تلوّث الهواء
Pollution de l'eau : تلوّث المياه
Pollution du sol : تلوّث التربة

Le climat :
المناخ

Les phénomènes négatifs :
الظواهر السلبيّة

Le trou de la couche d'ozone : ثقب الأوزون
L'effet de serre : الاحتباس الحراريّ
Les gaz à effet de serre :
غازات الدفيئة \ الغازات المسبّبة للاحتباس الحراريّ
Le réchauffement climatique : الاحترار الكونيّ
Le changement climatique : التغيّر المناخيّ
Le dérèglement climatique : الاختلال المناخيّ
Les variations climatiques / les modifications :
التحوّلات المناخيّة \ التقلّبات المناخيّة
Une vague de chaleur / la canicule : موجة حارّة \ موجة حرارة
Une inondation : فيضان – فيضانات

Des inondations destructrices : فيضانات مدمّرة
Un cyclone / un ouragan : إعصار – أعاصير
Des cyclones / des ouragans dévastateurs : أعاصير كاسحة
Une tempête : عاصفة - عواصف
L'alerte climatique : الإنذار المناخيّ
Les données climatiques : المعطيات المناخيّة
Signe avant coureur / signe annonciateur : النذير المبكر
Mettre en garde / prévenir / alerter / tirer la sonnette d'alarme
حذّر من \ نبّه إلى \ أنذر \ دقّ ناقوس الخطر \ قرع ناقوس الخطر

En contexte : le climat

La lutte contre le phénomène du réchauffement climatique.
مكافحة ظاهرة الاحترار الكونيّ.

Désormais, le changement climatique est la grande priorité du monde.
أصبح تغيّر المناخ أولويّة العالم الكبرى.

Les naturalistes et les climatologues mettent en garde contre les dangers que comporte le réchauffement climatique.
علماء البيئة والمناخ يحذّرون من المخاطر التي ينطوي عليها التغيّر المناخيّ.

Les écologistes considèrent que les inondations dévastatrices ne sont que les signes avant-coureurs / les signes annonciateurs des effets du changement climatique.
ويرى المدافعون عن البيئة أن الفيضانات الكاسحة ما هي إلا النذير المبكر لتأثير التغيّر المناخيّ.

La pollution de l'air :
تلوّث الهواء

La pollution aux gaz :
التلوّث بالغازات

Les émissions de gaz carbonique : انبعاثات غاز ثاني أكسيد الكربون
Rejeter / le rejet de / des gaz nocifs : إطلاق غازات ضارّة
Les CFC sont responsables du trou de la couche d'ozone :
إنّ المواد الكيميائيّة المسمّاة كلوروفلوروكربون (ك – ف – ك) هي المسؤولة عن ثقب الأزون
Des gaz toxiques : غازات سامّة
Les altérations de l'atmosphère / le dérèglement :
اختلالات الغلاف الجوّي

Réduire le phénomène :
تقليص الظاهرة

Réduire les émissions de gaz à effet de serre :
تقليص كميّة انبعاثات غازات الدفيئة \ الحدّ من انبعاثات غازات الدفيئة
Baisser / faire baisser / diminuer : تخفيض \ خفض
La baisse / la diminution des émissions : انخفاض الانبعاثات
Stabiliser : الحدّ من \ تثبيت

Les maladies :
الأمراض

La propagation des épidémies : انتشار الأوبئة \ تفشّي الأوبئة
Contracter des maladies pulmonaires : الإصابة بالأمراض الرئويّة
Des maladies respiratoires : أمراض الجهاز التنفّسيّ
La bronchite chronique : التهاب القصبة الرئويّة المُزمن

La tuberculose: مرض السلّ
L'asthme : الربو
Les allergies : الحساسيّة

En contexte : la pollution de l'air

La couche d'ozone est la couche de l'atmosphère qui protège la terre des méfaits des rayonnements ultra-violets.
طبقة الأوزون هي طبقة في الغلاف الجوّيّ تحمي الأرض من أضرار الأشعّة فوق البنفسجيّة.

Les gaz à effet de serre, c'est-à-dire les gaz qui absorbent les rayons infra-rouges dans l'atmosphère, sont responsables du trou de la couche d'ozone.
غازات الدفيئة أي الغازات التي تمتصّ الأشعّة تحت الحمراء في الغلاف الجوّيّ مسؤولة عن ثقوب الأوزون.

Les pôles :
القطبين

Termes géographiques :
المصطلحات الجغرافيّة

Le pôle nord / l'arctique : القطب الشماليّ
Le pôle sud / l'antarctique : القطب الجنوبيّ
Le cercle polaire : الدائرة القطبيّة
La calotte glaciaire : الغطاء الجليديّ
Les glaciers : الأنهار الجليديّة
Les icebergs : الجبال الجليديّة
La banquise :
الصفائح الجليديّة الطافية \ الجليد القطبيّ الطافي \ بحر الجليد القطبيّ

Les conséquences :
العواقب

L'élévation du niveau des mers :
ارتفاع منسوب - مناسيب مياه البحار \ ارتفاع مستوى البحار
L'inondation des plaines côtières : غمر السهول الساحليّة
Des îles sont menacées de submersion : جزر مهدّدة بالغرق
La disparition d'un grand nombre d'îles : اختفاء العديد من الجزر
Provoquer le déplacement des populations : تشريد السكان
La fonte des glaciers : ذوبان الأنهار الجليديّة
Les avalanches : الانهيارات الثلجيّة

Les victimes :
الضحايا

Les populations indigènes / locales / les autochtones :
السكان الأصليّون
Les Inuits / les Esquimaux : الإنويت \ الإسكيمو
Les igloos : أكواخ قببيّة جليديّة
L'ours polaire / l'ours blanc : الدبّ القطبيّ \ الدبّ الأبيض
Les phoques : الفقمة
Les pingouins : البطريق
Le saumon : سمك السلمون
Les rennes : حيوانات الرنة

En contexte : les pôles

Les inondations résultant de l'élévation des mers conduiront au déplacement de millions de personnes.
إن الفيضانات الناجمة عن ارتفاع منسوب المياه في البحار ستؤدّي إلى تشريد ملايين الناس.

La forêt :
الغابات

Les dangers :
المخاطر

La déforestation / le déboisement : اجتثاث الغابات \ اندثار الغابات
Défricher : قطع الأشجار \ اقتلاع الغابات
La surexploitation forestière : الاستغلال المُفرط للغابات
Le recul des forêts / la dégradation des forêts :
تراجع الغابات \ تدهور الغابات
La désertification : التصحّر

En contexte : la forêt

Les scientifiques ont été surpris par l'ampleur de ce recul.
فوجئ العلماء بحجم هذا التراجع \ التدهور.

Dans les régions sèches du monde, la dégradation du sol entraîne la désertification.
في المناطق الجافة من العالم، ينجم التصحّر عن تدهور التربة.

IV. L'environnement

La biodiversité :
التنوّع الحيويّ \ التنوّع البيولوجيّ

Les espèces :
الأنواع

Les êtres vivants : الكائنات الحيّة
La faune / la faune sauvage : الحياة الحيوانيّة البرّية \ الكائنات الحيّة
La flore : الحياة النباتيّة
La variété des espèces : تنوّع الأنواع \ الفصائل
Des espèces végétales : الأنواع النباتيّة
Des espèces domestiques : فصائل من الحيوانات الداجنة
Des espèces sauvages : فصائل برّيّة

Dangers et menaces :
المخاطر والتهديدات

L'extinction des espèces : انقراض الأنواع
Des espèces menacées d'extinction : أنواع مهدّدة بالانقراض
Des espèces en danger / menacées :
أنواع \ فصائل مهدّدة \ معرّضة للخطر
La perte de la biodiversité : فقدان التنوّع الحيويّ
L'érosion de la biodiversité / le recul / la régression / la dégradation : تراجع \ تدهور التنوّع الحيويّ
La disparition d'espèces animales rares :
اختفاء فصائل حيوانات نادرة \ فناء \ زوال
Détruire les milieux naturels : تدمير الأوساط الطبيعيّة
Le grand danger qui guette / qui menace les espèces rares :
الخطر الكبير الذي يهدّد الأنواع النادرة
La dégradation de la biodiversité sur le plan écologique :
تدهور \ تراجع \ تردّي التنوّع الحيويّ على المستوى البيئيّ
Détruire / exterminer/ disséminer les espèces : إبادة الأنواع

Préserver la biodiversité :
الحفاظ على التنوّع الحيويّ

La protection de la biodiversité : حماية التنوّع الحيويّ
La protection des espèces menacées : حماية الأنواع المهدّدة
Préserver les espèces : الحفاظ على الأنواع \ الفصائل \ صيانة
Faire l'inventaire des espèces : إجراء جرد للأنواع
Etablir la liste des espèces menacées : إنشاء قائمة الفصائل المهدّدة
Mesurer les menaces qui pèsent sur la biodiversité : قياس المخاطر التي تتهدّد التنوّع الحيويّ
Créer des réserves naturelles / des sanctuaires naturels : إنشاء محميّات طبيعيّة
Des zones protégées / des espaces protégés / des aires protégées : مناطق محميّة
Sauvegarder la nature
صون البيئة \ صيانة الطبيعة \ الحفاظ على الطبيعة

Les animaux :
الحيوانات

Les vertébrés : الفقاريّات
Les invertébrés : اللافقاريّات
Les mammifères : الثدييّات
Les reptiles : الزواحف
Les insectes : الحشرات
Les amphibiens : البرمائيّات
Une tortue : سُلحفاة \ سلاحف
Un hippopotame : فرس النهر
Un requin : سمك القرش
Un aigle : نسر \ نسور
Un faucon : صقر - صقور \ باز - بُزاة
Un tigre : نمر \ نمور

IV. L'environnement

En contexte : la biodiversité

La faune et la flore s'appauvrissent, dépérissent et disparaissent.

الحياة الحيوانيّة والنباتيّة تتآكل وتفنى.

La biosphère est la fine couche de terre où apparaît une intense activité des êtres vivants.

المحيط الحيويّ هو الطبقة الرقيقة من الأرض الذي يظهر فيه نشاط مكثّف للكائنات الحيّة.

La pollution du sol :
تلوّث التربة

La pollution liée à l'agriculture :
التلوّث المرتبط بالزراعة

L'agriculture intensive : الزراعة الكثيفة
Des sols cultivables / des terres arables : أراضٍ صالحة للزراعة
L'irrigation : ريّ الزراعات
La fertilité du sol : خصوبة التربة
Améliorer la qualité du sol : تحسين جودة التربة
Des substances polluantes / des polluants : مواد ملوّثة \ ملوّثات
Engrais : سماد ـ أسمدة \ مخصّب ـ مخصّبات
Pesticides : مُبيد ـ مُبيدات
Insecticides : مُبيدات الحشرات
La contamination du sol : تلوّث التربة
La dégradation de la qualité du sol :
تدهور \ تراجع \ تدنّي \ تردّي جودة التربة
Les polluants organiques : الملوّثات العضويّة
La pollution organique : التلوّث بالمواد العضويّة

Le surpâturage : الرعي الجائر \ الرعي المفرط
Détruire les récoltes / les cultures : إتلاف المحاصيل

En contexte : la pollution du sol

Les sols fertiles sont une ressource fragile et rare.
الأراضي الخصبة تشكّل مورداً هشّاً ونادراً.

L'utilisation intensive des pesticides.
الاستعمال المكثّف للمبيدات.

Interdire l'utilisation des pesticides.
حظر استعمال المبيدات.

Les contaminants comme les nitrates s'infiltrent dans le sol.
الملوّثات كالنيترات تتسرّب في التربة.

Près de la moitié des sols cultivables sont détériorés.
حوالي نصف الأراضي القابلة للزراعة متدهورة.

La pollution de l'eau :
تلوّث المياه

L'eau :
الماء

Les ressources en eau / les ressources hydrauliques :
الموارد المائيّة
Eau douce : مياه عذبة
Eau salée : مياه مالحة

IV. L'environnement 195

Eau pure : مياه نقيّة
Les eaux souterraines / les nappes phréatiques : المياه الجوفيّة
L'eau potable : المياه الصالحة للشرب \ ماء شروب
L'eau non potable : المياه غير القابلة للشرب
La contamination des nappes phréatiques : تلوّث المياه الجوفيّة
L'accès à l'eau potable : الحصول على مياه الشرب
Le manque d'eau potable / la pénurie d'eau potable : النقص في مياه الشرب \ ندرة مياه الشرب
L'assainissement de l'eau : تصفية المياه \ تكرير المياه
Le traitement des eaux contaminées : معالجة المياه الملوّثة
Améliorer la qualité de l'eau : تحسين جودة الماء
La bonne gestion des ressources maritimes : حسن إدارة الموارد البحريّة
La surexploitation des ressources maritimes : الاستغلال المفرط \ الجائر للموارد البحريّة
Le traitement des eaux usées : معالجة مياه الصرف الصحّيّ
Une station d'assainissement des eaux usées. محطّة لتكرير مياه الصرف الصحّيّ

Les maladies :
الأمراض

Les maladies infectieuses : الالتهابات
La typhoïde : الحمّى التيفيّة \ التيفوئيد
Le choléra : الكوليرا
L'hépatite : داء اليرقان
Le paludisme / la malaria : الملاريا
La bilharziose : البلهارسيا

Les déchets :
النفايات

Le problème des déchets :
مشكلة النفايات

Les résidus / les déchets : المخلّفات
Les déchets polluants : المخلّفات الملوّثة
Les déchets nocifs / toxiques : النفايات الضارّة \ النفايات السامّة
Les déchets solides : النفايات الصلبة
Les ordures ménagères : النفايات المنزليّة
Les déchets urbains : المخلّفات البلديّة
Les déchets de l'industrie agro-alimentaire : فضلات الصناعة الغذائيّة
Des décharges : مكبّات \ مطامر

Remédier :
إصلاح الأمور

La gestion des déchets : إدارة النفايات
Le traitement des déchets : معالجة النفايات
Recycler : إعادة تدوير \ إعادة تصنيع
Réutiliser : إعادة استعمال
L'industrie du recyclage : صناعة التدوير
Les déchets réutilisés : النفايات المُعاد استعمالها

L'énergie :
الطاقة

Les énergies :
أنواع الطاقة

Les sources d'énergie : مصادر الطاقة
Les ressources énergétiques : موارد الطاقة - الموارد الطاقية
Les carburants / les combustibles fossiles : الوقود الأحفوريّ
Le pétrole / le gaz naturel / le charbon :
البترول \ النفط \ الغاز الطبيعي \ الفحم
Les réserves mondiales en énergie fossile :
المخزون \ الاحتياطيّ العالميّ من الوقود الأحفوريّ
Fournir de l'énergie : تقديم الطاقة \ توفير الطاقة \ التزويد بالطاقة

Gaspiller l'énergie :
تبذير الطاقة

Gaspiller les ressources : إهدار الموارد \ تبديد الموارد \ تبذير الموارد
Epuiser les ressources énergétiques : استنزاف موارد الطاقة
L'exploitation excessive des ressources énergétiques :
الإسراف في استغلال موارد الطاقة \ الاستغلال المفرط لموارد الطاقة
L'abus des hommes dans la gestion des sources d'énergie polluante : إسراف البشر في التعامل مع مصادر الطاقة الملوّثة
Les réserves sont épuisées : المخزون مستنفد
L'épuisement des ressources naturelles : نضوب الموارد الطبيعية
Les réserves diminuent : يتدنّى المخزون

Remédier :
إصلاح الأمور

Faire des économies d'énergie : توفير الطاقة \ اقتصاد الطاقة
Les énergies du futur : طاقات المستقبل
Les solutions alternatives : الحلول البديلة
Les énergies renouvelables : الطاقات المتجدّدة
Les énergies propres : الطاقة النظيفة
Produire de l'électricité : توليد الكهرباء
L'énergie solaire : الطاقة الشمسيّة
L'énergie solaire thermique : الطاقة الحراريّة الشمسيّة
Le rayonnement solaire : الإشعاع الشمسيّ \ سطوع شمسيّ
Des capteurs solaires / des panneaux solaires : لاقطة سمشيّة – لاقطات شمسيّة
Des cellules solaires : خليّة شمسيّة - خلايا شمسيّة
La photosynthèse : عملية التمثيل الضوئيّ
La biomasse : الكتلة الحيويّة
Les biocarburants : وقود \ طاقة الكتلة الحيويّة \ الوقود الحيويّ
L'énergie hydraulique : الطاقة المائيّة
L'énergie éolienne : الطاقة الهوائيّة \ طاقة الرياح
L'énergie géothermique : طاقة جوف الأرض \ الطاقة الحراريّة الجوفيّة
Des modes de transport alternatifs : وسائل نقل بديلة
Les transports en commun : وسائل النقل العموميّة

En contexte : l'énergie

Aménager une transition vers l'utilisation des énergies renouvelables.
تهيئة الانتقال نحو استخدام \ الاعتماد على الطاقة المتجدّدة.

Réaliser des progrès importants en termes d'énergie propre.
تحقيق \ إنجاز تقدّم ملموس في مجال الطاقة النظيفة.

IV. L'environnement   199

Le développement durable :
التنمية المستدامة \ المستديمة

Les générations futures : الأجيال القادمة
Un schéma de production et de consommation : نموذج للإنتاج والاستهلاك
Le principe de précaution : مبدأ الاحتراز
Adopter un développement écologique durable : إتباع تنمية بيئيّة مستديمة
Développer une relation durable avec les ressources naturelles : تطوير علاقة مستدامة مع الموارد الطبيعيّة
L'égoïsme et la cupidité de l'homme : أنانيّة الإنسان وجشعه
Mieux vaut prévenir que guérir : الوقاية خير من العلاج

En contexte : Le développement durable

Maîtriser les principes de base qui déterminent ce que l'on produit, comment on produit, et pour qui on produit.
السيطرة على الأحكام الأساسيّة التي تحدّد ما يُنتج، وكيف يُنتج، ولمن يُنتج.

L'essence même du développement durable est la préservation des ressources de sorte que leur consommation se fasse dans les limites de leur croissance naturelle.
جوهر التنمية المستدامة هو المحافظة على الموارد بحيث تكون معدّلات استهلاكها ضمن حدود نموّها الطبيعيّ.

Tenir ensemble les considérations écologiques et la croissance économique est en fait une équation difficile à réaliser.
تحقيق التوازن بين الاعتبارات البيئيّة والنمو الاقتصاديّ إنّما هو معادلة صعبة التنفيذ.

Le traité de Kyoto :
اتّفاقيّة كيوتو

Limiter et réduire les émissions de gaz à effet de serre.
تقليص والحدّ من انبعاثات غازات الدفيئة.
Le protocole de Kyoto exige que les pays industrialisés fassent redescendre leurs émissions à l'horizon 2012 sous le niveau de 1990 en baissant ces émissions de 5.2%.
يفرض بروتوكول كيوتو على البلدان الصناعية تخفيض انبعاثاتها من غازات الدفيئة بحلول عام 2012 بنسبة 5,2 % دون مستوياتها عام 1990.
Son entrée en vigueur est conditionnée par sa ratification par au moins 55 pays responsables de 55% de CO2.
وسيدخل البروتوكول حيّز التنفيذ إذا صدّق عليه 55 بلداً موقعاً على المعاهدة ومن بينها البلدان المسؤولة عن 55 % من غاز ثاني أكسيد الكربون.

Termes géographiques :
المصطلحات الجغرافيّة

Le Pacifique : المحيط الهادي
L'Atlantique : المحيط الأطلسيّ \ الأطلنطي
L'Océan Indien : المحيط الهنديّ
Le bassin méditerranéen : حوض البحر الأبيض المتوسّط
La mer Caspienne : بحر القزوين
La mer d'Aral : بحر آرال
Le sous continent indien : شبه القارّة الهنديّة
Zones humides et semi humides : المناطق الرطبة وشبه الرطبة
Zones arides et semi arides : المناطق القاحلة وشبه القاحلة
Zones sèches : المناطق الجافة
Les forêts tropicales : الغابات الاستوائيّة
Les forêts boréales : غابات المناطق الشماليّة
Les forêts des zones tempérées : غابات المناطق المعتدلة
Les zones côtières / le littoral : المناطق الساحليّة
Les forêts boréales : غابات المناطق الشماليّة
Les forêts des zones tempérées : غابات المناطق المعتدلة

Les arts, les lettres et la culture

Les arts
الفنون

Manifestations culturelles et artistiques :
التظاهرات الثقافيّة والفنّيّة

La production culturelle :
الإنتاج الثقافيّ

Une production culturelle de haut niveau : إنتاج ثقافيّ رفيع
Une activité culturelle : نشاط ثقافيّ – أنشطة ثقافيّة \ نشاطات ثقافيّة
Un événement culturel / une manifestation culturelle :
تظاهرة – تظاهرات ثقافيّة \ حدث ثقافيّ
Les manifestations (à l'intérieur de l'événement culturel) / les festivités : الفعّاليّات
La saison culturelle : الموسم الثقافيّ

Le public :
الجمهور

Une foule de spectateurs : جمهور غفير من المشاهدين
Le public / l'assistance : الحضور
En (la) présence de … : بحضور
Obtenir / remporter un succès éclatant : حقّق نجاحاً باهراً
Obtenir un grand succès populaire :
حاز \ أحرز إقبالاً جماهيريّاً واسعاً
Célébrer / rendre hommage à / honorer / commémorer / fêter :
الاحتفاء بـ \ تكريم \ الاحتفال بـ

V. Les arts, les lettres et la culture

Une exposition :
معرض - معارض

Une foire / un salon : معرض
Un festival : مهرجان – مهرجانات
Organiser un festival : تنظيم \ إقامة مهرجان
Une édition : دورة
Un pavillon / une aile / un stand : جناح - أجنحة
L'inauguration d'une exposition : افتتاح \ تدشين معرض
Accueillir une exposition : احتضان معرض \ استقبال
Clôturer : اختتام
La cérémonie de clôture : حفل الختام
Sous l'égide de / sous le haut patronage de : تحت رعاية \ بإشراف
Participer à : شارك في

Un jury :
لجنة تحكيم

Un jury : لجنة تحكيم – لِجان تحكيم
Un prix : جائزة – جوائز
Gagner un prix / obtenir un prix : الفوز بجائزة
Un gagnant : فائز – فائزون
Décerner un prix / attribuer un prix : إعطاء جائزة \ منح جائزة
La remise des prix / remettre un prix : تسليم الجائزة \ تسليم الجوائز
Se partager le prix : تقاسم الجائزة

En contexte : les manifestations culturelles

Le ministre de la culture a inauguré le salon du livre / la foire du livre.

افتتح الوزير معرض الكتاب.

L'exposition a été inaugurée hier.

تمّ افتتاح المعرض أمس.

Lors de l'inauguration de cette manifestation… :

لدى افتتاحه لهذه التظاهرة...

Inaugurer des travaux de restauration dans la grande Mosquée des Omeyyades.

تدشين أعمال ترميم في الجامع الأمويّ الكبير.

La direction de la culture et des arts à Abou Dhabi organise un nouveau festival de musique intitulé « mélodies d'Orient » qui se tiendra dans le courant du mois de mai.

تنظّم \ تُقيم إدارة الثقافة والفنون في أبو ظبي مهرجاناً موسيقيّاً جديداً تحت اسم <<أنغام من الشرق>> سيقام خلال شهر مايو \ أيّار.

Avant-hier, la troisième édition du festival national du théâtre égyptien a été clôturée en la présence du ministre égyptien de la culture.

اخْتتِمت أمس الأوّل الدورة الثالثة للمهرجان القوميّ للمسرح المصريّ بحضور وزير الثقافة المصريّ.

La soirée de clôture a eu lieu à l'opéra du Caire.

تمّ حفل الختام في دار الأوبرا في القاهرة.

Le festival va rendre hommage à la réalisatrice …

سيشهد المهرجان تكريم المخرجة...

Alep célèbre le fait d'avoir été choisie « capitale de la culture islamique ».

حلب تحتفل باختيارها "عاصمة للثقافة الإسلامية".

Le festival a présenté un grand nombre de jeunes talents.

قدّم المهرجان كثيراً من المواهب الشابّة.

V. Les arts, les lettres et la culture 205

La ville connaît un grand rassemblement artistique et traditionnel en plus de manifestations sportives.
تشهد المدينة تجمّعاً فنّيّاً وتراثيّاً ضخماً بالإضافة إلى فعّاليّات رياضيّة.

Le ministre a remis les prix aux gagnants.
سلّم الوزير الجوائز للفائزين.

Le salon a obtenu un large succès / engouement populaire.
لقي \ حاز \ حظي المعرض بإقبال جماهيريّ واسع.

La création artistique :
الإبداع الفنّيّ

L'artiste et l'œuvre :
الفنّان والعمل الفنّيّ

Un artiste : فنّان – فنّانون
Un technicien : فنّيّ – فنّيّون
Une œuvre d'art : عمل فنّيّ – أعمال فنّيّة
Des œuvres artistiques de grande valeur : أعمال فنّيّة قيّمة
Un chef d'œuvre : رائعة – روائع

L'esthétique :
الجماليّة

Le sens esthétique : الحسّ الجماليّ
Le goût artistique : الذوق الفنّيّ
Goûter et apprécier les œuvres artistiques : تذوّق الأعمال الفنّيّة
Avoir une fonction artistique : أداء وظيفة فنّية
Un cadre artistique : إطار فنّيّ

Un vaste univers artistique : عالم فنّي واسع
Un sentiment : عاطفة – عواطف
Une émotion : انفعال – انفعالات
Des sensations : إحساس – أحاسيس
Enchantement / euphorie / extase : نشوة
L'extase spirituelle : النشوة الروحيّة

Le génie :
العبقريّة

Un génie : عبقريّ – عباقرة
Un talent artistique : موهبة فنّيّة – مواهب فنّيّة
Une inspiration : إلهام \ وحي
Une source d'inspiration : مصدر إلهام
S'inspirer de : يستوحي من
L'imagination : الخيال
La création : الإبداع
Un créateur : مبدع – مبدعون
Le processus de création : العمليّة الإبداعيّة
Comprendre la nature du processus de création : فهم طبيعة العمليّة الإبداعيّة
Les créations mondiales : الإبداعات العالميّة
Créer des chefs d'œuvre de haut niveau : إبداع روائع متميّزة

Le travail de l'artiste :
عمل الفنّان

L'habileté de l'artiste : مهارة الفنّان
Des apports artistiques : روافد فنّيّة
Un style : أسلوب – أساليب
La signature de l'artiste : توقيع الفنّان
La structure et la constitution artistique et intellectuelle : التكوين \ التركيب \ البنية \ الفنّيّة والفكريّة

La nature : الطبيعة
Imiter la nature : محاكاة الطبيعة
Exprimer l'émotion intérieure : التعبير عن الانفعال الباطنيّ

L'artiste, l'intellectuel dans la société : الفنّان والمثقّف في المجتمع

Un intellectuel : مثقّف – مثقّفون
Une élite culturelle / l'intelligentsia : نُخبة ثقافيّة – نُخَب ثقافيّة
Une culture élitiste : ثقافة النخب \ الثقافة النخبويّة
Un public/ la masse populaire : جمهور - جماهير
Une culture de masse : ثقافة جماهيريّة
Une culture populaire : ثقافة شعبيّة
Les couches populaires : الطبقات الشعبيّة \ الشرائح الشعبيّة
La tendance à l'individualisme : النزعة الفرديّة
L'isolement : الانعزال \ العُزْلَة
Le repli sur soi : الانطواء على الذات
Le repli sur soi / entrer dans sa coquille : التقوقع
La tour d'ivoire : البُرْج العاجي

En contexte : l'intellectuel dans la société

La problématique de la relation entre l'intellectuel et le peuple.
إشكاليّة العلاقة بين المثقف والشعب.

Son originalité réside dans son esprit rebelle aux évidences, ou à ce que certains voudraient qu'elles soient des évidences.
وتكمن خصوصيّته في روحه المتمرّدة على المسلمات، أو الأمور التي يريدها البعض أن تكون مسلمات.

L'intellectuel vit à l'écart de la société, dans sa tour d'ivoire.
يعيش المثقف في عزلة عن مجتمعه في برجه العاجيّ.

Les grands intellectuels deviennent de plus en plus isolés et repliés sur eux-mêmes et entrent dans des joutes et des luttes verbales futiles.
يزداد كبار المثقفين انعزالاً وتقوقعاً ويدخلون في مبارزات لفظيّة ومصارعات كلاميّة تافهة.

Le patrimoine historique :
التراث التاريخيّ

Le folklore :
الفلكلور

Le centre des arts populaires : مركز الفنون الشعبيّة
L'artisanat / les métiers manuels : المهن اليدويّة
L'artisanat traditionnel : الصناعات اليدويّة التقليديّة \ التراثيّة
Les habits traditionnels : الأزياء التقليديّة
Un défilé de mode de vêtements folkloriques :
عرض أزياء فلكلوريّة

Les périodes de l'histoire :
الأحقاب التاريخيّة

L'âge d'or : العصر الذهبيّ
La préhistoire : فترة \ حقبة \ عصر ما قبل التاريخ
Avant J-C : ما قبل الميلاد
Après J-C : ما بعد الميلاد
Le premier millénaire avant Jésus-Christ : الألف الأوّل قبل الميلاد
L'âge de pierre : العصر الحجريّ

V. Les arts, les lettres et la culture

L'âge de bronze : العصر البرونزيّ   (3200 – 1200 av. J-C.)
L'âge de fer : العصر الحديديّ   (1200 – 333 av. J-C.)
L'époque grecque : العصر الإغريقيّ \ اليونانيّ
L'époque hellénistique (333 av. J-C – 64 av. J-C) : العصر الهلنستيّ
L'art de l'époque islamique : الفن الإسلاميّ

L'archéologie :
علم الآثار

Un archéologue : عالم آثار – علماء آثار
Une équipe : فريق
Une mission : بعثة – بعثات
Un site archéologique : موقع أثريّ – مواقع أثريّة
Une fouille archéologique : تنقيب أثريّ
Une équipe de fouilles archéologiques : فريق تنقيب أثريّ
Les vestiges archéologiques / des ruines : الآثار \ قطع أثريّة
Une antiquité : تحفة أثريّة
Des découvertes archéologiques : مكتشفات أثريّة
Restaurer : ترميم
Des travaux de restauration : أعمال ترميم
L'architecture : الفن المعماريّ
Une colonne : عامود – عواميد
Un arc de triomphe : قوس نصر
Un temple : معبد - معابد
Un amphithéâtre : مدرّج - مدرّجات
Un amphithéâtre romain : مدرّج رومانيّ
Un mausolée : ضريح
Des tombes / des tombeaux / des sépultures : مدافن \ قبور
L'Orient ancien : الشرق القديم
Les Phéniciens : الفينيقيّون
La Mésopotamie : بلاد ما بين النهرين \ بلاد الرافدين
Les Sumériens : السومريّون
Les Accadiens : الآكاديّون
Les Assyriens : الآشوريّون

Les Babyloniens : البابليّون
Les Araméens : الآراميّون
Les Chaldéens : الكلدان
Les Syriaques : السريان
L'écriture cunéiforme : كتابة مسماريّة
L'art égyptien : الفنّ المصريّ القديم
L'écriture hiéroglyphique : الكتابة الهيروغليفيّة
Un papyrus : ورق البردي
Pharaon : فرعون – فراعنة
Le sphinx : أبو الهول
Les pyramides : الأهرامات
La Grèce : اليونان \ بلاد الإغريق
Les Grecs : الإغريق
Grec (adjectif) : إغريقيّ
Les Romains : الرومان
Romain (adjectif) : رومانيّ

En contexte : le patrimoine historique

Le folklore

La ville marocaine de Fès a été classée au patrimoine mondial par l'UNESCO.

صُنّفت مدينة فاس المغربيّة من قبل اليونسكو كتراث عالميّ.

Le festival présente des revues / des spectacles folkloriques venant de l'authentique patrimoine marocain.

يقدّم المهرجان عروضاً فلكلوريّة من التراث المغربيّ الأصيل.

La littérature populaire et la culture orale sont considérées comme les piliers de l'héritage culturel marocain dont les racines s'enfoncent dans le passé.

يُعتبر الأدب الشعبيّ والثقافة الشفهيّة من أعمدة الموروث الثقافيّ المغربيّ المتجذّر في القِدَم.

V. Les arts, les lettres et la culture

L'archéologie

La statue d'« Ornina » au temple d'Ishtar à Mari située au sud de la ville de Deir Ezzor peut être considérée comme un des chefs d'œuvres de l'art de l'Orient ancien.

إن تمثال "أورنينا" في معبد عشتار في مدينة ماري الواقعة جنوب مدينة دير الزور يُعتبر من روائع فنون الشرق القديم.

Cette statuette est conservée au musée national de Damas.

هذا التمثال الصغير محفوظ في متحف دمشق الوطنيّ.

Cette statuette est datée du début du deuxième millénaire avant Jésus- Christ.

يعود تاريخ هذا التمثال إلى بداية الألف الثانيّ قبل الميلاد.

Une équipe de fouilles archéologiques appartenant à la mission archéologique allemande a commencé ses travaux dans le but de découvrir de nouveaux sites archéologiques et historiques.

بدأ فريق تنقيب أثريّ تابع للبعثة الألمانيّة أعماله بهدف اكتشاف مواقع أثريّة وتاريخيّة جديدة.

La découverte de tombes datées de l'âge de bronze.

اكتشاف مدافن يعود تاريخها إلى العصر البرونزيّ.

La mission archéologique espagnole continue ses travaux de restauration et de reconstruction du mur d'enceinte de la ville archéologique de Palmyre.

البعثة الاسبانيّة تواصل أعمال إعادة بناء وترميم لسور مدينة تدمر الأثريّة.

Les beaux-arts :
الفنون الجميلة

Un musée :
متحَف ـ متاحف

Le musée national : المتحف الوطنيّ
Le musée des arts et traditions populaires :
متحف الفنون والتقاليد الشعبيّة
L'Institut du monde arabe : معهد العالم العربيّ

La peinture / le dessin :
الرسم

Les arts plastiques : الفنون التشكيليّة
Un langage visuel : لغة بصريّة
Les arts visuels : الفنون البصريّة
Un peintre : رسّام – رسّامون
Un tableau : لوحة ـ لوحات
Une peinture à l'huile : رسم بالزيت
Un dessin : رسم – رسومات
Exposer des tableaux : عرض لوحات
Une exposition : معرض – معارض
L'art contemporain : الفنّ المعاصر
Une forme géométrique : شكل هندسيّ – أشكال هندسيّة
L'abstraction : التجريد
L'art abstrait : الفن التجريديّ
Le réalisme : الواقعيّة
Les impressionnistes : المدرسة الانطباعيّة
Les surréalistes : المدرسة السرياليّة
Les expressionnistes : المدرسة التعبيريّة
La calligraphie arabe : الخط العربيّ
Un manuscrit : مخطوطة – مخطوطات

La sculpture :
النحت

Un sculpteur : نحّات ـ نحّاتون
Des objets sculptés / des sculptures : منحوتات
Une statue : تمثال ـ تماثيل
Des statues géantes en marbre : تماثيل رخامية عملاقة
Un atelier de sculpture : ورشة نحت
La gravure / graver : لنقش
Des ornements / des motifs décoratifs gravés : نقش ـ نقوش
Les bas-reliefs : المنحوتات \ المنقوشات \ النقوش

Divers :
فنون متنوّعة

La céramique : الخزف \ الفنّ الخزفيّ
La poterie : الأواني الخزفيّة
Une mosaïque : فُسَيْفِساء
Une collection de bijoux en or : مجموعة من المجوهرات الذهبيّة
Les pierres précieuses : الأحجار الكريمة
Les pierres semi-précieuses : الأحجار شبه الكريمة
La photographie artistique : التصوير الفنّيّ

La musique :
الموسيقى

Les types de musiques :
أنواع الموسيقى

Musique traditionnelle : موسيقى تقليديّة \ تراثيّة

Musique classique : موسيقى كلاسيكيّة
Musique contemporaine : موسيقى معاصرة
Musique improvisée : موسيقى مرتجَلة
Musique sacrée : موسيقى دينيّة
Musique profane : موسيقى علمانيّة

Faire de la musique :
العزف

Musicien :
موسيقيّ – موسيقيّون

Musical (adjectif) : موسيقيّ
Composition : تلحين \ تأليف موسيقيّ
Un compositeur : ملحّن – ملحّنون \ موسيقار
Une mélodie / un air de musique : لحن – ألحان \ نغمة - أنغام
Les chefs d'œuvre de la musique arabe : روائع الموسيقى العربيّة
Un morceau de musique / une partition musicale :
قطعة موسيقيّة \ مقطوعة موسيقيّة \ معزوفة – معزوفات
Jouer d'un instrument de musique : العزف على آلة موسيقيّة
Un musicien (qui joue d'un instrument) : عازف – عازفون

Les instruments de musique :
الآلات الموسيقيّة

Un piano : بيانو
Une cithare : قانون
Une flûte : ناي
Un luth : عود
Un violon : كمان
Une guitare : قيثارة – قيثارات
Une percussion : إيقاع
Un tambour : طبل

V. Les arts, les lettres et la culture

Chanter :
غنّى – يغنّي

Le chant : الغناء
Une chanson : أغنية – أغانٍ (الأغاني)
La chanson « jeune » : الأغنية الشبابيّة
Un chanteur : مغنٍّ (المغنّي) \ مغنّون
Un chanteur : مُطرب - مطربون
L'interprétation d'une chanson : الأداء الغنائيّ
Interpréter une chanson : أداء أغنية
Le patrimoine / le répertoire lyrique classique : التراث الغنائيّ
Un chant / un cantique / un hymne : نشيد \ أنشودة – أناشيد
Un hymne national : نشيد وطنيّ
Chanter un chant religieux / psalmodier : رتّل - يرتّل
Des chants religieux (chrétiens) / un cantique : ترتيلة - تراتيل
Une voix : صوت – أصوات
Une voix prometteuse : صوت واعد \ مبشّر – أصوات واعدة
Une belle voix : صوت حلو
Une chorale : كورال \ جوقة موسيقيّة
Un groupe / une troupe de musique : فرقة موسيقيّة – فرق موسيقيّة

Ecouter de la musique :
الاستماع إلى الموسيقى

L'émoi artistique provoqué par la musique : الطرب
La musique authentique : الطرب الأصيل
Organiser : تنظيم
Animer : إحياء
Une soirée de chant / un spectacle de chant :
أمسية غنائيّة \ حفلة غنائيّة \ سهرة غنائيّة
Un spectacle de musique traditionnelle : حفل طرب \ حفلة طرب
Une revue musicale : استعراض غنائيّ
Organiser des soirées de musique traditionnelle :
تنظيم أمسيات موسيقيّة تراثيّة

L'industrie musicale :
صناعة الموسيقى

Un disque : اسطوانة – أسطوانات
Un CD : قرص مدمج \ أقراص مدمجة
Une cassette : شريط – شرائط \ كاسيت – كاسيتات
Un album : ألبوم
Enregistrer une chanson : تسجيل أغنية
Un vidéo clip : فيديو كليب \ كليبات
La scène musicale / le paysage musical : الساحة الغنائيّة
Le monde de la chanson : عالم الغناء
Cette chanson est chantée par : هذه الأغنية من غناء
Cette chanson est composée par : هذه الأغنية من تلحين \ من ألحان
Les paroles de cette chanson sont de : هذه الأغنية من كلمات
Les paroles de cette chanson sont écrites par : لمسات هذه الأغنية من تأليف
Faire la promotion des chansons : الترويج للأغاني

Une star :
نجم – نجمة

Les stars de la chanson / les vedettes : نجوم الأغنية
La fabrication des stars : صناعة النجوم \ فبركة النجوم
Le star système : النجوميّة
Une nouvelle figure : وجه جديد – وجوه جديدة
Les grands noms de la chanson : أعلام الغناء
Un talent dans le domaine de la chanson :
موهبة غنائية – مواهب غنائية
Oum Kalsoum : أم كلثوم
La grande dame de la chanson arabe : سيّدة الغناء \ الطرب العربيّ
La « Dame » : الستّ (dialecte)
L'astre de l'Orient : كوكب الشرق
La quatrième pyramide : الهرم الرابع

V. Les arts, les lettres et la culture

En contexte : la musique

Une réalisatrice émiratie réalise / met en image / tourne un clip.

مخرجة إماراتية تصوّر كليب.

X a terminé l'enregistrement de son album fait dans le Golfe.

أنهى فلان تسجيل ألبومه الخليجيّ.

Durant le festival, il y aura la projection de films documentaires ayant un lien avec le patrimoine musical arabe.

وخلال المهرجان، سيتمّ عرض أفلام وثائقيّة ذات صلة بالتراث الموسيقيّ العربيّ.

Rechercher activement des voix prometteuses.

البحث والتنقيب عن الأصوات الواعدة.

Le théâtre, la danse et le cinéma :
المسرح والرقص والسينما

La mise en scène, la production
الإخراج والإنتاج

Une mise en scène : إخراج
Un metteur en scène / un réalisateur : مخرج - مخرجون
Une production : الإنتاج
Un producteur : منتج - منتجون

Le théâtre :
المسرح

Un acteur / un comédien / un interprète : ممثل – ممثلون
Interprétation / interpréter un rôle / jouer un rôle :
تمثيل \ القيام بدور \ لعب دور \ تأدية دور
Une pièce de théâtre : مسرحيّة - مسرحيّات
Un auteur dramatique : كاتب مسرحيّ
Une représentation théâtrale : عرض مسرحيّ – عروض مسرحيّة
Les planches du théâtre / la scène : خشبة المسرح
Une scène : مشهد – مشاهد
Le théâtre de l'absurde : مسرح العبث
Une comédie musicale : مسرحيّة غنائيّة
Une revue musicale : استعراض غنائيّ

La danse :
الرقص

Un danseur : راقص – راقصون
Un chorégraphe : مصمّم رقصات
La danse populaire / folklorique : الرقص الشعبيّ \ الفلكلوريّ
La danse classique : الرقص الكلاسيكيّ
Le ballet : الباليه

Le cinéma :
السينما

Le film :
الفيلم

Un film : فيلم – أفلام
Ecrire un scénario : تأليف سيناريو \ كتابة سيناريو
Un cinéaste : سينمائيّ – سينمائيّون
Un héros : بطل – أبطال

V. Les arts, les lettres et la culture 219

Un personnage : شخصيّة - شخصيّات
La projection d'un film : عرض فيلم
Un exemplaire : نسخة – نسخ
DVD : شريط قرص مدمج – أشرطة الأقراص المدمجة
Une projection cinématographique :
عرض سينمائيّ - عروض سينمائيّة

Les métiers du cinéma :
مهن السينما

Un caméraman : مصوّر – مصوّرون
Une caméra : كاميرا – كاميرات
Un studio : استديو – استديوهات
Le décor : ديكور
Le maquillage : الماكياج
Le graphique : الجرافيك
Le montage : المونتاج
Le doublage : الدبلجة
Les techniques cinématographiques : التقنيّات السينمائيّة
Un critique de cinéma : ناقد سينمائيّ - نقاد سينمائيّون
L'industrie cinématographique : صناعة السينما

Le patrimoine cinématographique :
التراث السينمائي

La culture cinématographique : الثقافة السينمائيّة
L'Institut supérieur du cinéma : المعهد العالي للسينما
L'archive des films : أرشيف الأفلام
Archiver / conserver les films : تخزين الأفلام
Archiver : أرشفة
Restaurer les films : صيانة وترميم الأفلام
Les études cinématographiques : الدراسات السينمائيّة
Soutenir le cinéma égyptien : دعم السينما المصريّة
Importer des films étrangers : استيراد أفلام أجنبيّة
Une bibliothèque audio-visuelle : مكتبة بصريّة سمعيّة
Un amateur de cinéma : هاوٍ (الهاوي) – هواة السينما

Les genres :
أنواع الأفلام

Dessins animés : رسوم متحرّكة \ أفلام كرتون
Un court métrage : فيلم قصير
Un documentaire : شريط وثائقيّ
Une comédie : فيلم كوميديّ
Un film policier : فيلم بوليسيّ
Un film musical : فيلم موسيقيّ
Un film historique : فيلم تاريخيّ

Les prix et récompenses :
الجوائز والمكافآت

Prix d'interprétation du premier rôle masculin : جائزة التمثيل دور أوّل رجال
Prix d'interprétation du premier rôle féminin : جائزة التمثيل دور أوّل نساء
Prix d'interprétation du second rôle : جائزة التمثيل دور ثان
Prix du meilleur espoir masculin : جائزة أفضل ممثّل صاعد
Prix de réalisation : جائزة إخراج
Pris du meilleur réalisateur / metteur en scène : جائزة أفضل مخرج
Prix du meilleur scénariste : جائزة أفضل مؤلف
Prix de composition : جائزة تأليف موسيقيّ
Le prix spécial du jury : جائزة لجنة التحكيم الخاصّة

En contexte : le cinéma

Casablanca accueille la troisième édition du festival du court métrage et du film documentaire.

تحتضن مدينة الدار البيضاء الدورة الثالثة لمهرجان الفيلم القصير والشريط الوثائقيّ.

Mohamed Biyoumi était le premier qui se soit intéressé à l'enseignement du cinéma ; il a fondé le studio Amon Films et est devenu le premier Egyptien à être derrière la camera en tant que cameramen et metteur en scène :

كان محمد بيومي أوّل من اهتمّ بتعليم السينما فأسّس استديو آمون فيلم ليصبح أوّل مصريّ يقف وراء الكاميرا كمصوّر ومخرج.

Organiser, archiver, conserver et stocker les films.

عمليّة تنظيم وأرشفة وحفظ وتخزين الأفلام.

Le cinéma est un moyen de communication populaire de masse.

السينما وسيلة اتصال جماهيريّ.

Le réalisateur marocain Nour Eddine Ayouch souhaite présenter l'avant première de la projection de son nouveau film mercredi prochain en la présence de la star.

يعتزم المخرج المغربيّ نور الدين عيوش تقديم العرض ما قبل الأوّل لفيلمه الجديد يوم الأربعاء المقبل بحضور النجمة.

Le centre national du cinéma souffre de nombreux problèmes et obstacles dont les bas salaires des artistes et des techniciens.

يعاني المركز القوميّ للسينما من مشاكل ومعوقات كثيرة، منها تدنّي أجور الفنّانين والفنّيّين.

Les lettres :
الآداب

L'écrivain, le livre, la langue :
الكاتب والكتاب واللغة

L'écrivain :
الكاتب

Un écrivain : كاتب – كتّاب
Un auteur : مؤلّف – مؤلفون \ أديب – أدباء
Un auteur en exil : أديب في المنفى \ أديب منفيّ
Un auteur prolixe : كاتب غزير الإنتاج
Un philosophe : فيلسوف – فلاسفة
Un penseur / un essayiste : مفكّر – مفكّرون
Un historien : مؤرّخ – مؤرّخون
Un chercheur : باحث – باحثون
Un linguiste : باحث لغويّ

Le livre :
الكتاب

La structure du livre :
بنية الكتاب

La présentation du livre : تقديم الكتاب
Une préface / un avant-propos / une introduction : تقديم \ تمهيد \ مقدّمة
Une dédicace : إهداء
Une conclusion : خاتمة

Un chapitre : فصل – فصول
La table des matières / le sommaire : الفهرس - الفهارس
La couverture du livre : الغلاف
Le titre du livre est / le livre porte le titre de :
الكتاب بعنوان \ مُعَنْوَن

L'œuvre :
العمل

Une œuvre littéraire : عمل أدبيّ – أعمال أدبيّة
Un ouvrage littéraire : مؤلّف أدبيّ – مؤلّفات أدبيّة
Les écrits : كتابات
Ecrire un livre / un ouvrage : تأليف كتاب
Les œuvres complètes de … : … مجموعة الأعمال الكاملة لـ
Un chef d'œuvre : رائعة – روائع

L'édition :
النشر

Une maison d'édition : دار نشر - دور نشر
Les droits d'auteur / copyright : حقوق التأليف
Les droits d'édition et de distribution : حقوق النشر والتوزيع
« Tous droits réservés » : "كلّ الحقوق محفوظة"
La propriété intellectuelle : الملكيّة الفكريّة
La législation des publications : قانون المطبوعات
Quelqu'un édite / publie un livre : أصدر فلان كتاباً \ نشر فلان كتاباً
Le livre est édité / est publié : صدر الكتاب
Le livre est publié par : الكتاب صادر عن
Une imprimerie : مطبعة
Le livre est imprimé à … : … طبع الكتاب في
La première édition : الطبعة الأولى
Une nouvelle édition du livre … : … طبعة جديدة من كتاب
Une édition revue et corrigée : طبعة منقحة
Le salon du livre / la foire du livre : معرض الكتاب – معارض الكتاب

La langue :
اللغة

La langue arabe littéraire / littérale / classique : اللغة الفصحى
Le dialecte : اللغة الدارجة \ العاميّة \ اللهجة الدارجة \ اللهجة – اللهجات
La langue parlée : اللغة المَحكيّة
Les dialectes régionaux : اللهجات الإقليميّة
Un dialecte local : لهجة محليّة
Dépasser la dualité de la langue : تجاوز ازدواجيّة اللغة
La vitalité de la langue : حيويّة اللغة
La souplesse de la langue : مرونة اللغة
L'adaptation à l'époque : مواكبة العصر
L'esprit de l'époque : روح العصر
La traduction : الترجمة
Des livre traduits : كتب مترجمة

En contexte : L'écrivain, le livre, la langue

L'écrivain

Il s'est consacré à /il a consacré sa vie à /il a voué sa vie à la littérature.

كرّس حياته للأدب.

La langue

L'avenir de la langue arabe.

مستقبل اللغة العربيّة.

La langue constitue un des aspects de la civilisation.

اللغة وجه من وجوه الحضارة.

V. Les arts, les lettres et la culture

La problématique de la langue littéraire et des dialectes.

إشكاليّة الفصحى والعاميّة.

La langue littérale est l'essence même de l'arabité.

اللغة الفصحى هي جوهر العروبة.

Faire en sorte que la langue devienne un outil d'expression souple et malléable.

جعل اللغة أداة طيّعة للتعبير.

Elever le niveau des dialectes et développer l'arabe littéral pour qu'ils se rapprochent.

الارتقاء بالعاميّة وتطوير الفصحى للتقريب بينهما.

Naguib Mahfouz considère que rien ne nuit tant à la langue que de la sacraliser et la figer.

يرى نجيب محفوظ أنّ لا شيء يقضي على اللغة مثل تقديسها والمحافظة عليها جامدة.

Naguib Mahfouz a délibérément fait de la langue littéraire l'outil exclusif de son art romanesque d'avant-garde, tant au niveau du récit qu'au niveau du dialogue.

قرّر نجيب محفوظ أن تكون اللغة العربية الفصحى هي أداته الشاملة في فنّه الروائيّ الرائد، سواء في السرد أو في الحوار.

Il y a eu un débat virulent entre Naguib Mahfouz et Louis Awad, grand défenseur du dialecte.

حصلت مجادلة عنيفة بين نجيب محفوظ ولويس عوض، وهو من أشهر المدافعين عن العاميّة.

La littérature :
الأدب

Raconter une histoire :
رواية قصّة \ سرد قصّة

Raconter des histoires / le story telling :
إخبار \ سرد \ رواية القصص
Une histoire divertissante : قصّة مسلية
Une histoire passionnante / excitante / intéressante :
قصة شيّقة \ مشوّقة \ مثيرة
Une histoire convaincante : قصة مُقنعة
Une histoire tragique : قصة ذات طابع مأساويّ \ تراجيديّ

Les genres littéraires :
الأنواع الأدبيّة

Un mouvement littéraire / un courant littéraire :
حركة أدبيّة \ تيّار أدبيّ
La littérature ancienne : الأدب القديم
La littérature moderne : الأدب الحديث
La littérature contemporaine : الأدب المعاصر
La littérature comparée : الأدب المقارَن
La littérature de l'émigration : أدب المهجر
La littérature de l'exil : أدب المنفى
Le romantisme : الرومانطيقيّة \ الرومانسيّة
La littérature orale : أدب شفهيّ \ شفاهيّ
Le stade de l'oralité : مرحلة الشفاهيّة
Littérature écrite : أدب كتابيّ
La littérature engagée : الأدب الملتزم
Un auteur engagé : أديب ملتزم
La tragédie : التراجيديا
La comédie : الكوميديا

V. Les arts, les lettres et la culture

Une épopée : مَلْحَمة
L'Iliade et l'Odyssée : الإلياذة والأذيسة
Les relations de voyage / les récits de voyages : أدب الرحلات
Un mythe / une légende / un conte de fée :
أسطورة ـ أساطير \ خرافة ـ خرافات (نظرة سلبية)
Une superstition : خُرافة – خُرافات
Un dicton / un proverbe/ une fable / une parabole : مثل – أمثال
Un recueil de proverbes : مجمع أمثال
Une maxime / une parabole : حِكمة – حِكم
Une anecdote / une histoire drôle ou plaisante :
نُكتة – نُكَت \ نادرة ـ نوادر
Une encyclopédie : موسوعة ـ موسوعات
Un dictionnaire : معجم – معاجم \ قاموس – قواميس
Les Lettres et les Humanités : الآداب والإنسانيّات
Les livres religieux : الكتب الدينيّة

Le roman :
الرواية ـ الروايات

La prose : النثر
La création littéraire : الإبداع الأدبيّ
L'art du roman : الفنّ الروائيّ
La création romanesque : الإبداع الروائيّ
Un romancier : روائيّ – روائيّون
Un roman controversé : رواية مثيرة للجدل
Un roman qui a fait beaucoup de bruit : رواية أحدثت ضجّة
Un roman qui a suscité la colère de la rue arabe :
رواية أثارت حفيظة الشارع العربيّ
Le roman arabe moderne : الرواية العربيّة الحديثة
Des œuvres romanesques : أعمال روائيّة
Un narrateur : راوي – رواة
Un récit / une narration : سرد
L'écriture narrative : الكتابة السرديّة
Un personnage : شخصيّة – شخصيّات
Un personnage principal : شخصيّة رئيسيّة

Un personnage secondaire : شخصيّة ثانويّة
Un héros : بطل – أبطال
Un personnage populaire / du peuple : شخصيّة شعبيّة \ شخصيّات شعبيّة
Le traducteur des œuvres de … : … مترجم أعمال
Un événement : حادثة – حوادث \ حدث – أحداث
Une histoire : قصّة – قصص \ حكاية – حكايات
Le réalisme occidental : الواقعيّة الغربيّة
Un roman de la période réaliste : رواية من المرحلة الواقعيّة
L'exigence de réalisme : مطلب الواقعيّة
Décrire la réalité : تصوير الواقع
Une biographie : سيرة \ سيرة غيريّة
Une autobiographie : سيرة ذاتيّة
Un journal : مذكّرات \ يوميّات
Des confessions : اعترافات
Des témoignages : شهادات
Une trilogie : ثلاثيّة
La science-fiction : قصص الخيال العلميّ

Un conte : قصّة ـ قصص | حكاية – حكايات

Un conte populaire : حكاية شعبيّة – حكايات شعبيّة
Un conteur : قاصّ \ حَكَواتي
Les mille et une nuits : ألف ليلة وليلة
Une nouvelle : أقصوصة ـ أقصوصات \ أقاصيص
Un recueil de nouvelles :
مجموعة قصصيّة \ مجموعة قصص قصيرة \ مجموعة أقصوصات
Une anthologie : مجموعة نصوص أدبيّة مختارة \ مختارات

V. Les arts, les lettres et la culture

La poésie :
الشعر

Généralités :
اعتبارات عامّة

Un poète : شاعر – شعراء
Une poésie : شعر - أشعار
Un vers : بيت شعر – أبيات شعر
Une rime : قافية – قوافٍ (القوافي)
Un poème : قصيدة ـ قصائد
Un recueil de poèmes : ديوان شعر - دواوين شعر
La poésie est le conservatoire / l'encyclopédie des Arabes / la mémoire des Arabes : الشعر ديوان العرب
Les œuvres poétiques : الأعمال الشعريّة
La poésie antéislamique / préislamique : الشعر الجاهليّ

Les thèmes de la poésie antéislamique :
مواضيع الشعر الجاهليّ

Le désert : الصحراء – الصحاري
Le désert / la steppe : البادية
La vie bédouine / la bédouinité : حياة البداوة
Le bédouin : البدوي – البدو
Nomade / sédentaire : بدو رحل \ حضر
La déploration sur le campement abandonné / disparu / les « vestiges » : البكاء على الأطلال
La description de la chamelle : وصف الناقة
Un chant de gloire : الفخر
Une satire : الهجاء
Un panégyrique / un louange : المدح
L'élégie : الرثاء
La poésie amoureuse : الغزل
L'amour platonique : الحبّ العذريّ
L'amour érotique : الحبّ الإباحي
La description : الوصف

Un écrit apocryphe : منحول
La prose rimée : الشعر المنثور
Mu'allaqa / un grand poème antéislamique : معلقة – معلقات
Les dix grandes odes arabes de l'anté-islam / les Mu'allaqat (J. Berque) : المعلقات العشر
Les poètes-brigands : صعلوك – صعاليك
Le code poétique : مود الشعر

La création poétique :
الإبداع الشعريّ

La création artistique : الإبداع الفنيّ
L'émulation artistique : التنافس الإبداعيّ

En contexte : la littérature

La poésie

Organiser une soirée de récitations de poèmes.

إقامة \ تنظيم أمسية شعريّة.

Le festival de la poésie féminine.

مهرجان الشعر النسائيّ.

Le roman

La création littéraire féminine dans le Golfe possède un style caractéristique qui se distingue par le fait qu'elle s'inspire des traditions linguistiques et littéraires arabes en même temps qu'elle est une réaction au réalisme occidental et aux pressions de la société arabe dans le contexte de la mondialisation.

إبداع المرأة الأدبيّ في الخليج له أسلوب مميّز يتميّز أنه يستوحي تقاليد لغويّة وأدبيّة عربيّة وفي نفس الوقت هو ردّ فعل للواقعيّة الغربيّة وضغوط المجتمع العربيّ في ظلّ العولمة.

V. Les arts, les lettres et la culture

La romancière iraquienne Samira Al Manii est un auteur prolixe dont l'expérience dans le domaine de la nouvelle et du roman se caractérise par la maturité, la profondeur et la diversité.

إن الروائيّة العراقيّة سميرة المانع كاتبة غزيرة الإنتاج، تتصف تجربتها القصصيّة والروائيّة بالنضج والعمق والتنوّع.

Naguib Mahfouz a obtenu le prix Nobel de littérature en 1988.

حاز \ فاز \ نال \ حصل نجيب محفوظ جائزة نوبل للأدب في عام 1988.

Naguib Mahfouz est l'auteur de la célèbre trilogie « Impasse des deux palais », « Le palais du désir » et « Le Sucrier / Le jardin du passé » qu'il a terminée en 1952.

نجيب محفوظ هو مؤلف الثلاثية الشهيرة >> بين القصرين<< ، >> قصر الشوق<< و>> السكرية<< الذي انتهى من كتابتها في عام 1952.

Il a apporté un précieux témoignage à propos de l'œuvre de…

أدلى بشهادة قيّمة بشأن عمل ...

Naguib Mahfouz a écrit son roman controversé « Les enfants de notre quartier » en 1959.

كتب نجيب محفوظ روايته المثيرة للجدل >>أولاد حارتنا<< في عام 1959.

Une littérature remplie de plaisir, de connaissance, d'ironie / de dérision, d'anecdotes et de plaisanteries.

أدب مليء بالمتعة والمعرفة والسخرية \ التهكّم والنكتة والدعابة.

Un conte

Je me suis inspiré des contes orientaux dans ma façon de construire la narration.

استوحيتُ طريقة السرد من الحكايات الشرقيّة.

L'analyse littéraire :
التحليل الأدبيّ

La critique :
النقد

Un critique (sens technique) : ناقد – نقاد
Une personne qui critique / un détracteur : منتقد – منتقدون
Critique (adjectif) : نقديّ
Un livre de critique : كتاب نقديّ
Une grande valeur littéraire : قيمة أدبيّة رفيعة
Jouer un rôle d'avant-garde /de pionnier : لعب دوراً رياديّاً \ طلائعيّاً
Un pionnier / un leader : رائد
Une figure emblématique / une figure de proue : رمز من رموز
Un orientaliste : مستشرق – مستشرقون
L'orientalisme : الاستشراق

La rhétorique :
علم المعاني \ البلاغة

L'éloquence : الفصاحة
Le fonds et la forme : الشكل والمضمون
Le contexte : السياق
Un symbole : رمز – رموز
Une expression : عبارة ـ عبارات
Le sens / les valeurs d'utilisation : المعنى ـ المعاني
La signification / la connotation : الدلالة ـ الدلالات
Le style : الأسلوب – الأساليب
La synonymie : الترادف
Un synonyme : مترادف – مترادفات
La comparaison : التشبيه
Une métonymie : مجاز
Sens figuré / sens métaphorique : معنى مجازيّ \ مجازاً

Une métaphore : استعارة
Une périphrase : كناية
Une allusion : تلميح
Un euphémisme : تورية
Une question rhétorique : سؤال استنكاريّ
Une hyperbole/ l'exagération : صيغة المبالغة \ الإطناب
La phrase concise / la concision : الإيجاز
L'ironie : التهكم
Le louange / l'éloge : المدح \ المديح
Le blâme : الذمّ

Identité et religion

Culture et identité
الثقافة والهويّة

Généralités :
اعتبارات عامّة

Activités intellectuelles
نشاطات فكريّة | ذهنيّة

Etudier : الدراسة والبحث
Faire des recherches / examiner : البحث في
Etudier / réfléchir / observer : النظر ف .
Réviser / revoir son point de vue : إعادة النظر في
Examiner / étudier attentivement / approfondir une étude : التمعّن في \ الفحص \ التفحّص
Evaluer / faire le point : تقييم
Des études et des recherches : دراسات وبحوث
Un compte rendu / une recherche : بحث – بحوث
Un rapport / un compte rendu : تقرير – تقارير
Une intervention : مداخلة – مداخلات
Une approche : مقاربة – مقاربات
Un commentaire : تعليق \ تعقيب
Analyser / une analyse : تحليل
Critiquer / une critique : نقد \ انتقاد
Définir / donner une définition : تعريف
Ecrire l'histoire : أرّخ – يؤرّخ – تأريخ

VI. Identité et religion

La sphère culturelle :
الفضاء الثّقافيّ

Culturellement / au niveau culturel : على الصعيد الثّقافيّ \ ثقافيًّا
Un discours culturel : خطاب ثقافيّ – خطابات ثقافيّة
Un cadre culturel : إطار ثقافيّ – أطر ثقافيّة
Une aire culturelle / un espace culturel : فضاء ثقافيّ \ حيّز ثقافيّ
Un domaine culturel : مجال ثقافيّ – مجالات ثقافيّة
Dans le domaine culturel : في المجال الثّقافيّ \ على الصعيد الثّقافيّ
Des revendications culturelles / des exigences culturelles : مطلب – مطالب ثقافيّة \ مطالبة – مطالبات ثقافيّة
Une dérive culturelle : جنوح ثقافيّ
Les milieux culturels et universitaires : الأوساط الثّقافيّة والأكاديميّة
Un mouvement culturel : حركة ثقافيّة – حركات ثقافيّة
Un courant culturel : تيّار ثقافيّ – تيّارات ثقافيّة
La pensée arabe : الفكر العربيّ \ العقل العربيّ
La raison arabe / l'intelligence / le cerveau : العقل العربيّ
Un courant de pensée : تيّار فكريّ \ تيّارات فكريّة
Le savoir / la connaissance : المعرفة
Cognitif / relève de la connaissance : معرفيّ
Les connaissances et les savoirs : المعارف
Une accumulation de connaissances et de savoirs : تراكم معرفيّ
Les cercles scientifiques : المحافل العلميّة

Quelques concepts utiles :
بعض المصطلحات المفيدة

Une notion / un concept : مفهوم – مفاهيم \ مصطلح – مصطلحات
Un phénomène : ظاهرة – ظواهر
Une dimension / une portée : بُعْد – أبعاد
Les répercussions / les retombées : تداعيات \ انعكاسات
Les effets / l'impact : أثر – آثار \ تأثير – تأثيرات
Un modèle : نموذج – نماذج
Un principe : مبدأ – مبادئ

Un facteur : عامل – عوامل
Un axe : محور – محاور
Un élément : عنصر – عناصر
Les constituants / les éléments constitutifs / les composantes : مقوّمات \ مكوّنات
Une base / un pilier / un point d'appui : ركيزة – ركائز
Une problématique : إشكاليّة – إشكاليّات
Une dialectique : جدليّة – جدليّات
Une crise : أزمة – أزمات
Une impasse : مأزق – مآزق
Un dilemme : معضلة – معضلات
Un paradoxe / une contradiction : مفارقة – مفارقات
Un changement : تغيّر – تغيّرات
Une mutation : تحوّل – تحوّلات
Un bouleversement : تقلّب – تقلّبات
Une essence : جوهر
Généralisation : تعميم
Simplification : تبسيط
Un regard réducteur : نظرة اختزال

Des couples utiles :
ثنائيّات مفيدة

Les points positifs et les points négatifs : السلبيّات والإيجابيّات
Les pertes et profits : الخسائر والمكاسب
Les bienfaits et les méfaits : الفوائد والأضرار
L'anxiété et la certitude : القلق واليقين
Le bien et le mal : الحقّ والباطل \ الخير والشرّ
Ce qui est visible / ce qui est caché : الظاهر والباطن
Les vices et les vertus : الفضائل والرذائل
Une bénédiction et une malédiction : نعمة ونقمة
Une arme à double tranchant : سلاح ذو حدّين
Des périodes d'ascension et de chute : فترات صعود وهبوط
Succès et échec : نجاحات وفشل
Le progrès et le recul / être en avance ou en retard : التقدّم والتأخّر

VI. Identité et religion

En contexte : généralités

Effectuer des études et des recherches.
إجراء دراسات وأبحاث أكاديميّة.

Une intervention digne d'intérêt et d'approfondissement :
مداخلة جديرة بالاهتمام والتمعّن

Définir la pensée arabe moderne par une approche historique.
تعريف الفكر العربيّ الحديث عبر مقاربة تاريخيّة.

Culture et société :
الثقافة والمجتمع

Une valeur :
قيمة – قيم

Le système des valeurs / le paradigme des valeurs : منظومة القيم
Les valeurs traditionnelles : القيم التقليديّة
Les valeurs éthiques / morales : القيم الأخلاقيّة \ المعنويّة
Les valeurs religieuses : القيم الدينيّة
Les valeurs spirituelles : القيم الروحانيّة \ الروحيّة
Les valeurs matérielles : القيم المادّيّة
Les valeurs disparues : القيم المندثرة
Des valeurs déséquilibrées : قيم مختلّة \ مشوّهة
Des valeurs qui dérivent : قيم جانحة

Les relations sociales :
العلاقات الاجتماعيّة

La cohésion et la solidarité : الترابط \ التضامن \ التآزر \ التكافل
Le démantèlement / la dislocation des liens sociaux : تفكيك \ تفكّك الروابط الاجتماعيّة
La destruction / la dissolution / l'émiettement des relations sociales : تفسّخ \ انحلال العلاقات الاجتماعيّة
Une société émiettée : مجتمع متفسّخ \ متشتّت

Le fonctionnement de la société :
آليّات المجتمع

Une société : مجتمع – مجتمعات
Une mentalité : عقليّة – عقليّات
Un comportement : تصرّف – تصرّفات
Des comportements déviants / anticonformistes : تصرّفات شاذّة
Une attitude / une prise de position : موقف – مواقف
Un mode de vie : نمط حياة \ معيشة \ عيش \ أسلوب حياة
Un comportement / une conduite : سلوك
L'ensemble des comportements / le code de conduite : سلوكيّات
Forger / mettre en place un ensemble de comportements : صياغة سلوكيّات \ صوغ سلوكيّات
La culture dans le sens d'un mode de pensée et de vie : الثقافة بمعنى أسلوب فكر وحياة

VI. Identité et religion   241

L'Occident :
الغرب

Les grands principes de l'Occident :
مبادئ الغرب الكبرى

Le libéralisme : الليبراليّة
La démocratie : الديمقراطيّة
Les droits de l'homme : حقوق الإنسان
La laïcité : العلمانيّة
La séparation de l'Eglise et de l'Etat : فصل الدين عن الدولة
La tendance à l'individualisme : النزعة الفرديّة \ الفردانيّة
L'humanité : الإنسانيّة
Les valeurs humaines : القيم الإنسانيّة
L'humanisme : الإنسانيّة \ الإنسانويّة
Les valeurs humanistes : القيم الإنسانويّة
L'inhumanité : اللاإنسانيّة
Le piège de l'inhumanité : فخّ اللاإنسانيّة

La modernité :
الحداثة

La modernité : الحداثة \ المعاصرة
La post modernité : ما بعد الحداثة
La modernisation : التحديث
Le renouveau : التجديد
Moderne : حديث
Moderne / moderniste : حداثيّ

Le progrès et la civilisation
التقدّم والحضارة

Le développement : التطوّر \ التقدّم
Le sous-développement : التخلف
Le retard : التأخّر
Réaliser des progrès : إحراز تقدّم \ تحقيق تقدّم
Le mythe du progrès et du retard : خرافة \ أسطورة التقدّم والتأخّر
La réalité du développement et du sous-développement : حقيقة التقدّم والتخلف
La civilisation : الحضارة \ المدنيّة \ التمدّن
La civilisation arabo-islamique : الحضارة العربيّة الإسلاميّة
Civiliser : نشر الحضارة \ تمدين
Un être civilisé : إنسان متمدّن
La prospérité : الرخاء
Le confort et le bien-être : الرفاهية
Etre en avance dans la civilisation : التقدّم في المدنيّة
Accomplir des exploits : تحقيق إنجازات

La science et la puissance :
العلم والقوّة

La puissance technologique : القوّة التكنولوجيّة
Les sciences modernes : العلوم العصريّة
Adopter / se baser / s'appuyer sur les sciences modernes : اعتماد العلوم الحديثة
La pensée créatrice : التفكير الإبداعيّ \ التفكير المبدع
Le transfert de technologie : نقل التكنولوجيا \ التقنيّات
La force / la puissance militaire : القوّة العسكرية

VI. Identité et religion

En contexte : l'Occident

Une culture basée essentiellement sur la pensée créatrice.
ثقافة تقوم أساساً على التفكير الإبداعيّ.

La technologie est l'outil, le moyen et le critère du progrès et de la puissance.
التكنولوجيا هي أداة ووسيلة ومقياس التقدّم والقوّة.

Monopoliser la science, son histoire et l'écriture de cette histoire.
احتكار العلم، وتاريخ العلم وتأريخه.

L'hégémonie de l'Occident :
هيمنة الغرب

L'invasion culturelle :
الغزو الثقافيّ

La mondialisation / la globalisation :
العولمة

Mondialisé : مُعَوْلم
La mondialisation culturelle : العولمة الثقافيّة
Le nouvel ordre mondial : النظام العالميّ الجديد
Les thèses de la mondialisation : طروحات العولمة \ مقولات العولمة

L'occidentalisation :
التغريب

Une pénétration culturelle : اختراق ثقافيّة

L'américanisation : الأمركة
La dépendance / la subordination / la vassalité : التبعيّة
La dépendance culturelle : التبعيّة الثقافيّة
Une culture hégémonique : ثقافة مهيمنة
Menacer / mettre en danger les cultures locales :
تهديد الثقافات المحليّة
Anéantir / détruire les particularités culturelles :
طمس الخصوصيّات الثقافيّة \ إلغاء الخصوصيّات
Une destruction matérielle et morale : تخريب مادّيّ ومعنوي
Un processus imposé : عمليّة مفروضة فرضاً
Un processus forcé : عمليّة قسريّة
Volontairement / de son plein gré : طوعاً
Contre son gré / de force : كرهاً \ قسراً \ قهراً

Uniformisation / uniformité / homogénéisation :
تماثل \ تجانس

Un modèle culturel : نموذج ثقافيّ
Un modèle de civilisation : نموذج حضاريّ
Un projet de civilisation : مشروع حضاريّ
Un modèle dominant / dominateur : نموذج مُهَيْمِن – نماذج مهيمنة
Un seul et unique modèle : نموذج واحد وأوحد
Imposer le modèle de l'Occident : فرض نموذج الغرب
Etablir solidement un modèle planétaire :
إرساء \ ترسيخ نموذج كونيّ
Faire disparaître la pluralité des civilisations :
إلغاء التعدّديّة الحضاريّة
Un processus d'unification culturelle : عمليّة توحيد ثقافيّة
Ignorer les cultures et les expériences des autres peuples :
تجاهل ثقافات وتجارب الأمم الأخرى
Formater les esprits : قولبة العقول \ قولب – يقولب
Les idées reçues / répandues : الأفكار السائدة \ الشائعة
Un stéréotype : صورة نمطيّة \ صور نمطيّة
Forger des stéréotypes : صياغة صور نمطيّة
Des images galvaudées : صور مبتذلة
Domestiquer / apprivoiser l'opinion publique : تدجين الرأي العامّ

La perte de l'identité :
فقدان الهويّة

Renoncer à son identité : التخلي عن الهويّة
Le sentiment de la perte de soi : الشعور بالضياع
L'aliénation : الاستلاب

Colonialisme et néocolonialisme
الاستعمار والاستعمار الجديد

Le sentiment de supériorité :
الشعور بالاستعلاء

La suprématie / la supériorité de l'Occident : تفوّق الغرب
La supériorité de l'homme blanc : تفوّق الرجل الأبيض
L'égoïsme : الأنانيّة
L'orgueil / l'arrogance : الكبرياء \ التكبر \ العَجْرَفة \ الغَطْرَسة
Un regard condescendant : نظرة دونيّة \ نظرة استعلاء
Un complexe d'infériorité : عقدة الدونيّة

Le racisme :
العنصريّة

La discrimination raciale : التمييز العنصريّ \ التفرقة العنصريّة
Des pratiques racistes : ممارسة – ممارسات عنصريّة
Un monde de l'excellence : عالم متميّز

Le colonialisme :
الاستعمار

Le néocolonialisme : الاستعمار الجديد
Le phénomène colonial : الظاهرة الاستعماريّة
La mission civilisatrice de l'occident : مهمّة الغرب الحضاريّة
L'européocentrisme : المركزيّة الأوروبيّة
La décolonisation : إزالة الاستعمار \ التخلّص من الاستعمار
Les mouvements de décolonisation : حركات إزالة الاستعمار
Les mouvements de libération : حركات التحرّر

Le choc des civilisations :
صدام الحضارات

Une théorie :
نظريّة – نظريّات

La théorie de Huntington : نظريّة هنتنجتون
Un théoricien : منظّر – منظّرون \ صاحب النظريّة
Une thèse : أطروحة – أطروحات \ مقولة – مقولات
Une thèse contestable / controversée / discutable :
مقولة مثيرة للجدل
Une hypothèse : فرضيّة – فرضيّات
Un postulat / une évidence : مسلمة – مسلمات

Critiquer la thèse :
انتقاد المقولة

Faire face à / contrer : التصدّي لـ
Une vision manichéenne : نظرة ثنائيّة
Une logique binaire : منطق الثنائيّة
Un déterminisme historique : حتميّة تاريخيّة
S'affirmer contre l'autre : تأكيد الذات ضدّ الآخر
Se créer un ennemi / créer de toutes pièces un ennemi :
افتعال عدو
Un ennemi effrayant : عدوّ مُخيف – أعداء مخيفون
Un ennemi détesté : عدوّ مكروه
La culture de la discorde religieuse : ثقافة الفتنة

La confrontation avec la culture occidentale :
مواجهة \ مجابهة \ تصادم مع ثقافة الغرب

La lutte des civilisations : صراع الحضارات
Le choc des civilisations : صدام الحضارات
Une crise : أزمة – أزمات
Une relation en crise : علاقة متأزّمة
Un labyrinthe : مَتاهة

VI. Identité et religion

En contexte : l'hégémonie de l'Occident

L'invasion culturelle

Dans le domaine culturel nous remarquons / constatons un processus d'unification du monde.

في المجال الثقافيّ، نلاحظ عمليّة توحيد ثقافيّ للعالم.

Les esprits d'un grand nombre de penseurs et d'intellectuels arabes et non arabes sont formatés.

لقد تقولبت عقول العديد من المفكرين والمثقفين العرب وغير العرب.

Beaucoup craignent que cette civilisation ne produise / sécrète une uniformisation galopante qui menace les cultures locales :

هناك الكثيرون الذين يتخوّفون من أن تُنتج \ تفرز هذه الحضارة تماثلاً كاسحاً يهدّد الثقافات المحلّيّة.

La nature humaine résiste à cette uniformisation.

الطبيعة البشريّة تقاوم هذا التماثل.

Si l'Occident s'abandonne à l'obsession de la suprématie et ignore les particularités et les identités culturelles multiples des peuples, s'il s'obstine à passer outre et les détruire, alors, l'Occident laissera passer l'occasion offerte.

إذا استسلم الغرب لهاجس التفوّق وتجاهل الخصوصيّات والهويّات الثقافيّة المتعدّدة للشعوب، وأصرّ على تجاوزها وتدميرها فسيخسر فرصته السانحة.

Critiquer la culture de l'unification et de l'uniformisation forcée au nom de la spécificité / de la particularité religieuse.

انتقاد ثقافة التوحيد القسري باسم الخصوصيّة الدينيّة.

Les politiciens, les intellectuels et les artistes des pays pauvres étaient occupés à imiter et reproduire ce que faisaient les politiciens, les intellectuels et les artistes de l'Occident.

انشغل سياسيّو ومثقّفو وفنّانو الأمم الفقيرة بتقليد وتكرار ما يفعله سياسيّو الغرب ومثقّفوه وفنّانوه.

La mondialisation

Dans la mondialisation actuelle, l'Occident constitue le pôle fort dominant.

في العولمة الراهنة، يشكل الغرب القطب القويّ المهيمن.

Aucun pays ne peut s'isoler / rester à l'écart à l'ère de la mondialisation où les intérêts sont mêlés.

لا يمكن لأيّ دولة أن تنعزل في عصر العولمة حيث تتشابك المصالح.

Il est extrêmement rare de trouver dans ces écrits une quelconque mention au fait que l'homme a des besoins culturels à côté des besoins matériels.

نادراً ما وجدنا في هذه الكتابات أيّة إشارة إلى أن الإنسان له حاجات ثقافيّة إلى جانب حاجات ماديّة.

Colonialisme et néocolonialisme

L'Occident, de la force du modèle au modèle de la force.

الغرب، من قوّة النموذج إلى نموذج القوّة.

Cette conception reflète un sentiment de supériorité culturelle flagrant / évident.

هذا التصوّر يعكس شعوراً واضحا بالاستعلاء الثقافيّ.

Le centre de gravité de la civilisation devient l'Occident.

يصبح الغرب مركز الثقل الحضاريّ.

La généralisation de la vision darwinienne où le monde devient un vaste marché et le théâtre des activités de l'homme blanc supérieur qui se permet de détruire l'autre afin de garantir son existence et affirmer sa puissance :

تعميماً للرؤية الداروينيّة حيث يصبح العالم سوقاً واسعة ومسرحاً لأنشطة الرجل الأبيض المتفوّق الذي أباح لنفسه تدمير الآخر ضماناً لبقائه وتأكيداً لقوّته.

VI. Identité et religion

Le choc des civilisations

Edouard Saïd a analysé et démonté la théorie du « choc des civilisations » de Samuel Huntington dans une intervention célèbre portant le titre de « Déconstruire la lutte des civilisations ».

قام المفكر إدوارد سعيد بتحليل نظريّة "صدام الحضارات" لصموئيل هنتنجتون في مداخلة شهيرة بعنوان " تفكيك صراع الحضارات".

La forme la plus grave et la plus détestable de la violence est celle qui s'auto justifie et considère ce fait comme l'application d'un jugement divin ou d'un déterminisme historique.

إنّ أخطر أشكال العنف وأقبحها هي تلك التي تبرّر نفسها بنفسها وتعتبر ذلك تنفيذاً لحكم إلهيّ أو حتميّة تاريخيّة.

Chaque partie de la confrontation nourrit la dérive de l'autre.

إن طرفيّ المواجهة يغذّي كلّ منهما جُنوح الآخر.

Résister à l'hégémonie :
التصدّي للهيمنة

Résister / faire face / contrer :
التصدّي لـ

Résister / lutter contre : المقاومة
Résister / tenir bon : الصمود
Défendre / résister à / lutter pour défendre : الدفاع عن
Défendre / protéger : الحماية
Défendre / préserver : الحِفاظ على
Préserver / conserver : المحافظة على
Affronter / être confronté à : المواجهة \ المجابهة

La réaction à l'hégémonie :
الردّ على الهيمنة

Esprit de clan / sectarisme / communautarisme : العصبيّة (Ibn Khaldoun)
Le fanatisme : التعصّب
La crispation : التشنّج
Des réactions de vengeance : ردّ فعل انتقاميّ – ردود فعل انتقاميّة
Se fondre dans / s'assimiler : الذوبان \ الانصهار
Se conformer à / se soumettre à : الامتثال لـ
Se plier à / obéir à / se conformer à / subir : الخضوع لـ
Se soumettre à : الاستسلام لـ

L'authenticité :
الأصالة

L'authenticité / l'enracinement : الأصالة
Le patrimoine : التراث
L'héritage / le legs : الإرث \ الميراث
L'héritage spirituel : الإرث الروحيّ
Ce qui est hérité / l'héritage : الموروث
Traditionnel / ancestral / classique : تقليديّ \ تراثيّ
Les traditions : التقاليد
Les us et coutumes : العادات والتقاليد
Les usages : الأعراف
Les racines culturelles : الجذور الثقافيّة

Identité et appartenance :
الهويّة والانتماء

L'identité : الهويّة
L'identité individuelle : الهويّة الفرديّة
L'identité collective : الهويّة الجماعيّة

VI. Identité et religion

L'identité nationale : الهويّة القوميّة
La personnalité nationale : الشخصيّة القوميّة
L'identité ethnique : الهويّة الإثنيّة
L'identité religieuse : الهويّة الدينيّة
La conscience / l'affect : الوجدان
La mémoire collective : الذاكرة الجماعيّة
L'imaginaire collective : المخيّلة الجماعيّ
Soi et autrui : الذات والآخر \ الأنا والآخر
La problématique de soi et de l'autre : إشكاليّة الذات والآخر
L'appartenance : الانتماء - الانتماءات
Appartenir à une culture : الانتماء \ الانتساب إلى ثقافة
Le sentiment d'appartenance : الإحساس \ الشعور بالانتماء
Une allégeance : الولاء – الولاءات
Local : محليّ
Tribal / clanique : قبليّ
Ethnique : إثنيّ
Racial : عرقيّ
National : قوميّ
Religieux : دينيّ
Confessionnel : طائفيّ \ مذهبيّ

Le repli sur soi :
الانطواء على الذات

Le repli sur soi / entrer dans sa coquille : التقوقع
L'isolement : الانعزال \ العزلة
Se refermer sur soi : الانغلاق على الذات

Le regard sur le passé :
النظرة إلى الماضي

Un mythe / une légende :
أسطورة – أساطير

Un mythe / une légende / une absurdité : خُرافة – خُرافات
La nostalgie du passé : الحنين إلى الماضي
Le retour vers le passé : العودة إلى الماضي
La réécriture de l'histoire / réécrire l'histoire : إعادة كتابة التاريخ
Une vision passéiste : نظرة ماضويّة
Faire revivre le patrimoine arabe : إعادة إحياء التراث العربيّ
L'âge d'or : العصر الذهبيّ
Le passé glorieux : الماضي المجيد
Le passé prestigieux : الماضي العريق
Les pages lumineuses : الصفحات المشرقة والمضيئة
Glorifier le passé / faire l'apologie du passé :
تمجيد الماضي \ تبجيل الماضي
S'accrocher à ses racines culturelles :
التمسّك بالجذور الثقافيّة \ التشبّث بالجذور الثقافيّة
Des ondes de choc culturelles / des soubresauts culturels :
ارتدادات ثقافيّة

Un regard historique objectif :
نظرة تاريخيّة موضوعيّة

La « renaissance » / la nahda : النهضة
L'influence des Arabes sur l'Occident : تأثير العرب في الغرب
Le monde méditerranéen :
عالم البحر الأبيض المتوسّط \ العالم المتوسّطيّ
L'Andalousie : الأندلس
La Castille : قشتالة
Séville : إشبيلية
Tolède : طليطلة
Grenade : غرناطة
La Sicile : صقليّة

VI. Identité et religion

Venise : بندقيّة
Un présent terne : حاضر باهت
Un présent sombre : حاضر قاتم
Un présent horrible : حاضر قبيح
Un présent lamentable / désolant / tragique : حاضر مأساويّ

En contexte : résister à l'hégémonie

Appartenir à un groupe religieux ou une communauté religieuse.

الانتماء إلى جماعة أو طائفة دينيّة.

L'émergence d'une allégeance tribale.

ظهور \ بروز \ انبعاث ولاء قبليّ.

La controverse de l'identité et de la Nahda.

سِجال الهويّة والنهضة.

Résister à la mondialisation culturelle au nom de l'appartenance religieuse, et de l'enracinement dans la tradition et le patrimoine.

مقاومة العولمة الثقافيّة باسم الانتماء الدينيّ والرسوخ في الأصالة والتراث.

L'auteur examine le concept / la notion de la mondialisation sous l'angle de la relation du « moi » arabe à « l'autre » occidental.

يبحث الكاتب في مصطلح \ مفهوم العولمة من زاوية علاقة الأنا العربي بالآخر الغربيّ.

L'inhumanité s'insinue désormais dans les discours culturels sous différents masques dont le plus dangereux est peut-être le discours des valeurs et de l'héritage :

اللاإنسانيّة صارت تتسلّل إلى الخطابات الثقافيّة تحت أقنعة شتّى لعلّ أخطرها القيم والموروث.

Une civilisation qui a derrière elle une histoire d'une grande une richesse humaine.

حضارة وراءها تاريخ ذو ثراء بشريّ .

Parler de l'influence des Arabes sur l'Europe dans la période appelée le Moyen Age.

الحديث عن تأثير العرب في أوروبا في الفترة التي تُسمّى العصور الوسطى.

Parler d'un passé glorieux dans le contexte d'un présent désolant où les Arabes sont passés du statut d'« acteur agissant » à celui de « patient qui subit ».

الكلام عن ماضٍ مجيد في ظلّ حاضر مأساويّ انتقل فيه العرب من مكانة "الفاعل" إلى مكانة "المفعول به".

Etudier les conditions historiques objectives de l'émergence de la civilisation arabo-islamique.

البحث في الشروط التاريخيّة الموضوعيّة لبروز الحضارة العربيّة الإسلاميّة.

Les grandes conquêtes islamiques ont transformé la Méditerranée que les Romains appelaient « Mare nostrum » en un lac arabo-islamique.

لقد حوّلت الفتوحات الإسلاميّة الكبرى البحر الأبيض المتوسّط الذي كان الرومان يسمّونه "بحرنا" إلى بحيرة عربيّة إسلاميّة.

La Méditerranée : une histoire riche de conflits.

الأبيض المتوسّط : تاريخ حافل بالصراعات.

La civilisation arabo-islamique a réalisé un énorme exploit au niveau des savoirs et des connaissances :

لقد حقّقت الحضارة العربيّة الإسلاميّة إنجازاً معرفيّاً هائلاً .

Le dialogue Orient / Occident :
الحوار بين الشرق والغرب

Se distinguer / se ressembler
التميّز / التشابه

Faire la différence entre / distinguer : ميّز – يميّز – تمييز بين
Se différencier / se distinguer d'autrui : تميّز – يتميّز – تميّز عن
Une spécificité / une particularité : خصوصيّة – خصوصيّات
Une caractéristique / une propriété / une qualité / un attribut : خاصّية – خصائص
Une caractéristique / un trait distinctif : ميزة – ميزات
Une qualité / un attribut : صفة – صفات \ سِمة – سمات
Pluralité / multiplicité : التعدّديّة
Le fait d'être différent : الاختلاف
La diversité / être divers : التنوّع \ متنوّع – متنوّعون
Une différence : فرق – فروق – فروقات
Diviser : التفرقة
S'éloigner / diverger / la divergence : التباعد
La ressemblance / la similitude : التشابه
Uniformisation / uniformité / homogénéité : تماثل \ تجانس
Dépendre de / être lié à : الارتباط بـ
Se dissocier de / se séparer de : الانفصال عن \ فكّ الارتباط بـ
Les points communs : النقط المشتركة
Les valeurs communes : القيم المشتركة
Un dénominateur commun : قاسم مشترك – قواسم مشتركة
Se rapprocher / converger / la convergence : التقارب

L'échange Orient / Occident :
التبادل بين الشرق والغرب

Dialoguer :
التحاور

L'ouverture : الانفتاح
Etre au contact de : الاحتكاك بـ
Etre en communication avec : التواصل مع
L'interaction : التفاعل والانفعال \ التأثّر والتأثير
L'échange : التبادل
L'acculturation / le métissage :
التثاقف \ التخاصب \ التمازج \ التهجين
Le « vivre ensemble » / la coexistence : التعايش
S'adapter : التكيّف مع \ التأقلم مع
Suivre l'époque : مواكبة العصر
Forger un modèle à suivre : صياغة نموذج يُحتذى
Un dialogue culturel : حوار ثقافيّ
Un dialogue constructif : حوار بنّاء
La diversité culturelle : التعدّديّة الثقافيّة \ التنوّع الثقافيّ
La richesse culturelle : ثراء ثقافيّ
Une réforme culturelle : إصلاح ثقافيّ
Le respect mutuel : الاحترام المتبادل
La coopération juste : التعاون العادل
La compréhension mutuelle sincère : التفاهم الصادق

Adapter / s'adapter :
الاقتباس

Imiter : التقليد
S'intégrer / l'intégration : الاندماج
S'intégrer / adhérer : الانخراط
Relever les défis : مواجهة التحدّيات
Affronter la complexité : التصدّي للتعقد
Réduire l'écart : تقليص الفجوة
Combler le fossé : ردم الهوّة

VI. Identité et religion

En contexte : le dialogue Orient / Occident

Se distinguer / ressembler

L'être humain s'accroche à une différence minime qui le distingue des autres / d'autrui.

يتمسّك المرء \ الانسان بفرق صغير يميّزه عن سواه.

Respecter les différences culturelles et religieuses.

مراعاة الفروقات الثقافيّة والدينيّة.

L'accroissement des phénomènes qui signalent la divergence et la division.

تعاظم الظواهر التي تشير إلى التباعد والانقسام.

Ce qui peut être mis en œuvre dans une culture donnée n'est pas forcément applicable dans une culture différente.

فما يُطبّق لدى ثقافة معيّنة ليس بالضرورة قابلاً للتطبيق لدى ثقافة أخرى مختلفة.

L'échange Orient / Occident

Le dialogue des cultures et des religions.

حوار الثقافات والأديان.

La problématique de l'acculturation précoce entre l'Orient et l'Occident.

إشكاليّة التثاقف المبكّر بين الشرق والغرب.

Des expériences de modernisation réussies partant des spécificités locales.

تجارب تحديث ناجحة انطلاقاً من خصوصيات محلية.

L'ouverture aux sciences modernes.

الانفتاح على العلوم العصريّة.

Le transfert de la technologie occidentale.
نقل تكنولوجيا الغرب.

Adopter la réforme culturelle comme porte d'entrée vers une modernité « saine » n'aboutissant pas à la dépendance.
تبنّي الإصلاح الثقافيّ كمدخل للحداثة السليمة التي لا تؤدّي \ لا تفضي إلى التبعيّة.

Participer activement à la culture à l'heure de la mondialisation.
المشاركة بصورة فعّالة في ثقافة عصر العولمة.

La coexistence pacifique entre les différents peuples.
التعايش السلميّ بين مختلف الشعوب.

La religion
الدين

Les principales religions dans le monde :
الديانات الرئيسيّة في العالم

Les religions monothéistes : الديانات التوحيديّة \ السماويّة
Les livres saints monothéistes : الكتب السماويّة
Le judaïsme : اليهوديّة
La Torah : التوراة
Le christianisme : المسيحيّة \ النصرانيّة
Les Evangiles : إنجيل - أناجيل
L'Islam : الإسلام
Le Coran : القرآن
Le bouddhisme : البوذيّة
L'hindouisme : الهندوسيّة
Le confucianisme : الكونفوشيوسيّة
Le shintoïsme : الشينتويّة

Généralités communes aux religions monothéistes :
العوامل المشتركة بين الديانات التوحيديّة

Les textes et le dogme :
النصوص والعقائد

Une religion : دين – أديان \ ديانة – ديانات
Un culte : ديانة – ديانات
Un rite / une confession (religieuse) : مذهب – مذاهب

Une confession religieuse / une communauté religieuse / une secte : طائفة – طوائف \ مِلّة – مِلل
Une croyance religieuse : معتقد دينيّ – معتقدات دينيّة
Un dogme / une doctrine : عقيدة – عقائد
Dogmatique / idéologique : عقائديّ
La foi : الإيمان
Croire : آمن – يؤمن – إيمان
Un croyant / un fidèle : مؤمن – مؤمنون \ مصلّ (المصلي) – مصلون
Un fidèle / un adepte d'une religion : تابع – أتباع ديانة
Le texte sacré : النصّ المقدّس
L'exégèse : التفسير
L'interprétation : التأويل
Glorifier / honorer / révérer /vénérer / traiter avec déférence / faire l'apologie de : بجّل – يبجّل – تبجيل
Un discours apologétique : خطاب تبجيليّ

Le culte / les rites :
الطقوس و الشعائر الدينيّة

Pratiquer la religion : ممارسة الشعائر الدينيّة \ إقامة الطقوس الدينيّة
La pratique religieuse : التديّن
Le sentiment religieux / la religiosité / la piété / la dévotion : التديّن
Un homme pieux / pratiquant : رجل متديّن
Les lieux saints : الأماكن المقدّسة
Le pèlerinage : الحجّ
Prier : صلّى – يصلّي – الصلاة
Une prière : صلاة – صلوات
Un lieu de culte : مكان عِبادة – أماكن عبادة
Un temple : معبد – معابد \ هيكل – هياكل
Une église : كنيسة – كنائس
Une synagogue : كنيس
Une mosquée : جامع – جوامع \ مسجد – مساجد
Un lieu de prière : مُصلّى

VI. Identité et religion

La sphère religieuse :
الفضاء الدينيّ

Les institutions religieuses : المؤسّسات الدينيّة
Un religieux / un homme de religion : رجل دين – رجال دين
Un discours religieux : خطاب دينيّ
Un symbole religieux : رمز دينيّ – رموز دينيّة
Une identité religieuse : هويّة دينيّة
Un courant religieux : تيّار دينيّ – تيّارات دينيّة
Un mouvement religieux : حركة دينيّة – حركات دينيّة
Un phénomène religieux / un fait religieux :
ظاهرة دينيّة – ظواهر دينيّة
Une spécificité religieuse : خصوصيّة دينيّة
Le fanatisme : التعصّب

Sacré / profane :
دين \ دنيا

Généralités :
اعتبارات عامّة

Ici-bas et l'au-delà : الدنيا والآخرة
Religieux : دينيّ
Sacré : مقدّس \ قدسيّ \ دينيّ \ إلهيّ
Saint : مقدّس
Divin : إلهيّ
Profane : دنيويّ

La laïcité :
العلمانية

Un laïc : علمانيّ – علمانيّون
La sécularité : الناسوت (contexte religieux chrétien)
Séculier / laïc : علمانيّ \ دنيويّ
Séparation de l'église / du religieux et de l'Etat :
فصل الكنيسة عن الدولة \ فصل الدين عن الدولة
L'athéisme : الإلحاد
Un athée : مُلحِد – مُلحدون
Le darwinisme : نظرية داروين \ الداروينيّة
Le créationnisme : نظريّة الخلق
L'évolutionnisme : نظرية الارتقاء \ التطوّر

En contexte : Le sacré / le profane

La force / la puissance des religions s'est accrue au début des années quatre vingt.

تنامت قوّة الأديان في مطلع الثمانينات.

Cantonner la religion à la sphère privée.
حصر الدين في فضاء الحياة الخاصّة \ قصر الدين في فضاء الحياة الخاصّة.

Exclure la religion de l'espace public.
إخراج الدين من فضاء الحياة العامّة \ إقصاء الدين من دائرة الحياة العامّة.

Guérir du fanatisme ne se fait pas en affaiblissant l'attachement à une religion donnée, mais en répandant l'esprit de mesure et de sagesse dans la façon de porter cet attachement et de l'exprimer de manière telle qu'il ne se transforme pas en haine d'autrui.

علاج التعصّب ليس بإضعاف الولاء لدين معيّن، بل بإشاعة روح التعقّل والحكمة في حمل هذا الولاء وفي التعبير عنه، بحيث لا يتحوّل الولاء إلى كراهية للغير.

VI. Identité et religion   263

L'islam :
الإسلام

Les fondements de la religion :
أصول الدين

Allah : الله
L'Unicité de Dieu : التوحيد
L'Associationnisme : الإشراك
Le Seigneur : الربّ
Le Coran : القرآن
Un exemplaire du Coran : مصحف – مصاحف
Un verset (du coran) : آية – آيات
Une « sourate » : سورة – سورات
Jibril (l'archange Gabriel) : جبريل
Le Messager : الرسول
Le Prophète : النبيّ
Formule religieuse prononcée après le nom du Prophète Mohammad : Que la bénédiction et le salut de Dieu soient sur lui : صلى الله عليه وسلم \ صلعم \ (ص)
La Parole révélée de Dieu : كلام الله المُنْزَل
Les Noms Divins / les Beaux Noms de Dieu : أسماء الله الحُسنى
Le paradis : الجنّة \ الفردوس
L'enfer : جهنم
Le Jour Dernier : يوم الآخرة
Le Jour du Jugement : يوم القيامة

Les piliers de la religion :
أركان الدين

La profession de foi musulmane : الشهادة
« Il n'y a pas d'autre divinité qu'Allah, et Mohammed est son Prophète » : لا إله إلا الله ومحمّد رسول الله

Une prière : صلاة – صلوات
La direction de la prière (La Mecque) : القِبلة
L'appel à la prière : الآذان
Le muezzin : المؤذّن
Jeûner : صام – يصوم
Le jeûne : الصوم
Ramadan : رمضان
La rupture du jeûne : الإفطار
L'aumône légale : الزكاة
Le pèlerinage : الحجّ
Effectuer le pèlerinage : أداء فريضة الحجّ \ حجّ – يحجّ
La Kaaba : الكعبة
La Mecque : مكة (المكرّمة)
Médine : المدينة (المنوّرة) \ يثرب
La guerre (dans un cadre religieux) / la guerre sainte / le « jihad » : الجهاد

Les « branches » « confessions » dans l'Islam : الفِرَق الإسلاميّة

Les Compagnons : الصحابة
L'Oumma : الأمة الإسلامية \ دار الإسلام
Le sunnisme : السُنّة
Un sunnite : سنّيّ – سنّة
Le chiisme : الشيعة \ التشيّع
Un chiite / shiite : شيعيّ – شيعة
Le chiisme duodécimain : الشيعة الإثنا عشرية
Les chiites (péjoratif) : الرافضة \ الروافض
Un druze : دُرْزيّ – دروز
Le soufisme : الصوفيّة \ التصوّف
Les confréries soufies : طريقة صوفيّة \ الطرق الصوفيّة
Les mu'tazila : المُعتزلة
Le Wahhabisme : الوهّابيّة

VI. Identité et religion

La législation islamique :
التشريع الإسلامي

Les fondements de la science juridique :
أصول الفِقه

La Loi islamique / la charia : الشريعة
Les prescriptions de la charia : أحكام الشريعة
Les peines canoniques : الحُدود
La doctrine juridique islamique / la science juridique / la jurisprudence : الفقه
Un homme de droit islamique / un jurisconsulte : فقيه – فقهاء
Les écoles juridiques : المدارس الفقهيّة
Les faits et « dits / dires » du Prophète / hadith : الحديث
La faits et gestes / la conduite et la manière d'agir du Prophète / la Tradition du Prophète : السنّة النبويّة
Le consensus : الإجماع
Le « principe d'analogie » / le « qiyas » : القياس
Effort d'interprétation personnelle : اجتها
Une prescription juridico-religieuse / une obligation canonique : فريضة – فرائض
Un avis / une consultation juridico-religieuse / fatwa : فتوى – فتاو (الفتاوى)
Un mufti : مفتٍ (المفتي)
Délivrer une fatwa : أفتى – يُفتي – إفتاء
Promulguer des avis juridiques islamiques : إصدار فتاو
Un juge / un « qadi » : قاضٍ (القاضي) – قُضاة
Un savant / un expert d'une université islamique / un docteur de la loi / un uléma : عالم – علماء
Ce qui est licite / permis : حلال
Ce qui est illicite / interdit : حرام
Les biens de main morte : الوَقف - الأوقاف

Les écoles juridiques islamiques :
المذاهب الإسلاميّة \ المدارس الفقهيّة

Le Chafiisme : الشافعيّة
Le Malékisme : المالكيّة
Le Hanéfisme : الحنفيّة
Le Hanbalisme : الحنبليّة

Les sciences religieuses :
العلوم الدينيّة

L'exégèse coranique / l'explication du Coran : التفسير
La théologie dogmatique / kalam : علم الكلام
L'interprétation : التأويل

L'organisation de la vie religieuse :
تنظيم الحياة الدينيّة

Un religieux : رجل دين – رجال دين
Un prédicateur : داعية – دعاة \ واعظ – وعّاظ
Un sermon / un prêche / une prédication : وعظ \ عظة \ موعظة
Un Imam : إمام – أئمّة
Un guide spirituel : مرشد روحيّ
Les pratiques cultuelles : العبادات
Le code des pratiques sociales : المعاملات
Les rites / les pratiques religieuses / le rituel : الطقوس والشعائر
Les musulmans pratiquants : المسلمون الذين يمارسون شعائر دينهم
Bénir / la bénédiction : بارك – يبارك – البركة
Maudire / la malédiction : لعن – يلعن – اللعنة
Se repentir / le repentir : تاب – يتوب – التوبة
Pardonner / absoudre / le pardon : غفر لـ – يغفر لـ – المغفرة
Un péché : ذنب – ذُنوب

VI. Identité et religion

Le sentiment religieux :
الشعور الدينيّ / المشاعر الدينيّة

Etre pieux : متديّن
La dévotion / la piété / La crainte de Dieu : التقوى \ الوَرَع
Un homme pieux / dévot : رجل تقي \ وَرِع
Se consacrer à l'adoration de Dieu : التعبّد

Les fêtes religieuses :
الأعياد الدينيّة

Aïd el Kébir / fête du sacrifice : العيد الكبير \ عيد الأضحى
Aïd el Saghir / fête de la rupture du jeûne : العيد الصغير \ عيد الفطر
La naissance du Prophète : المولد النبويّ

Le prosélytisme :
الدعوة إلى

La religion de la certitude : دين اليقين
La religion de la vérité : دين الحقّ
Guider / indiquer le bon chemin : هَدى – يهدي – هِداية – هُدى
Attirer / gagner des adeptes : كسب \ جذب مهتدين
Se convertir (trouver la bonne voie) : اهتدى
Quelqu'un qui s'est converti / un converti à l'Islam / un adepte : مهتدٍ (المهتدي) – مهتدون
Se convertir à l'Islam : اعتنق الإسلام \ أسلم

Renier Dieu :
كفر – يكفر

L'impiété : الكُفْر
Un impie / un mécréant : كافر – كُفّار
Jeter l'anathème / excommunier / accuser d'impiété : كفّر – يكفّر – تكفير
L'hérésie : الزندقة
Un hérétique : زنديق – زنادقة
L'apostasie : ردّة
Apostasier / abjurer sa religion : ارتدّ عن دينه
Les renégats / les apostats : مرتدّ – مرتدّون

Les relations avec les non musulmans :
العلاقات مع غير المسلمين

Les Gens du Livre (chrétiens et juifs) : أهل الكتاب
Les non musulmans tributaires / les Dhimmis : أهل الذِمّة \ ذمّيّ
Un mécréant / un infidèle : كافر – كُفّار
Les mouvements d'exclusion religieuse : الحركات التكفيريّة
La crispation religieuse : التشنّج الدينيّ
Le retour / de la religion / du religieux : عودة الدين \ الصحوة الدينيّة
Le réveil religieux : الصحوة الدينيّة
L'allégeance / l'attachement à une religion : الولاء لدين
Le fanatisme / l'intolérance : التعصّب \ التشدّد
Un Islam intransigeant / rigide : إسلام متزمّت
Le puritanisme / l'intransigeance moral : التزمّت
Etre puritain / être bigot : متزمّت

VI. Identité et religion

Le dialogue des religions / interreligieux :
حوار الأديان

Un dialogue constructif : حوار بنّاء
Un dialogue basé sur l'amitié et le respect mutuel :
حوار قائم \ يستند على المحبة والاحترام المتبادل
La tolérance : التسامح \ السماحة
Une religion tolérante : دين متسامح \ سَمِح
La coexistence pacifique : التعايش السلميّ
Le refus de toute forme de terrorisme et d'extrémisme :
رفض كل أشكال الإرهاب والغلو والتطرّف

En contexte : l'Islam

Instrumentaliser la religion au service d'objectifs politiques.
توظيف الدين لأغراض سياسيّة.

La notion de « jihad » s'inscrit dans le paradigme des principales notions du dogme et du code de conduite de l'Islam, cependant, la notion a été le lieu de beaucoup de confusion et de malentendus à travers les siècles.
يندرج مفهوم الجهاد ضمن منظومة المفاهيم الرئيسيّة التي تشكّل العقيدة والسلوك الإسلاميين، ومع ذلك فقد شاب المفهوم كثير من الخلط وسوء الفهم على مرّ العصور.

Quand la tolérance disparaît des religions ou même des idéologies politiques, le recours à la violence augmente / s'amplifie dans la mesure où il se produit une justification totale de cette violence.
عندما يغيب التسامح في الأديان، أو حتى في الإيديولوجيّات السياسيّة، يزداد اللجوء إلى العنف بحيث أنه يقع تبرير كليّ عن هذا العنف.

.

Le christianisme :
المسيحيّة

Les fondements et les dogmes :
الأسس والعقائد

Le christianisme : المسيحيّة \ النصرانيّة
Un chrétien : مسيحيّ - مسيحيّون
Dieu : الله
Jésus : يسوع
Le Messie : المسيح
Le Christ : السيّد المسيح
Le Salut : الخلاص
Le Sauveur : المخلّص
La croix : الصليب
La trinité : الثالوث الأقدس
Les trois personnes / hypostases : الأقانيم الثلاثة
Le Père – le Fils – le Saint Esprit : الآب – الابن – روح القدس
La Sainte Famille : العائلة المقدسة
La Vierge Marie : مريم العذراء
Joseph : يوسف
Le paradis : الجنة
L'enfer : جهنم
Un ange : ملاك – ملائكة
L'Ange Gabriel : الملاك جبرائيل
Le Diable / Lucifer : الشيطان
Un péché : خطيئة – خطايا

Les livres saints :
الكتب المقدّسة

La Bible : الكتاب المقدّس
L'Ancien Testament : العهد القديم

VI. Identité et religion 271

Les dix commandements : الوصايا العشر
Les Evangiles : إنجيل – أناجيل
Le Nouveau Testament : العهد الجديد
Un apôtre : رسول – رسل \ حواريّ – حواريّون
L'exégèse : التفسير
La théologie : اللاهوت
Un théologien : عالم لاهوت

Les lieux saints :
الأماكن المقدّسة

Terre sainte : الأرض المقدّسة
Jérusalem : القدس \ أورشليم
Bethléem : بيت لحم
Nazareth : الناصرة
L'église de la Nativité : كنيسة المهد
La crèche : المغارة
Le Saint-Sépulcre : قبر السيّد المسيح

Les confessions :
طائفة – طوائف

L'Eglise d'Occident :
الكنيسة الغربية

Le catholicisme : الكاثوليكيّة \ الطائفة الكاثوليكيّة
Un catholique : كاثوليكيّ – كاثوليك
Le protestantisme : البروتستانتيّة \ الطائفة البروتستانتيّة
Un protestant : بروتستانتيّ – البروتستانت
La Réforme protestante : الإصلاح البروتستانتيّ
Martin Luther : مارتن لوثر
Le luthérianisme : اللوثريّة
Jean Calvin : جان كالفان
Le calvinisme : الكالفينيّة

L'Eglise évangélique : الكنيسة الإنجيليّة
L'Eglise apostolique : الكنيسة الرسوليّة
Le schisme : الانشقاق
Une hérésie : هَرْطقة
Les hérétiques : الهَراطِقة

L'Eglise d'Orient :
الكنيسة الشرقيّة

L'Eglise du Proche-Orient : الكنيسة المشرقيّة
Le Nestorianisme : النسطوريّ
Les Jacobites : اليعاقبة
L'Eglise arménienne : الكنيسة الأرمنيّة
Un Arménien : أرمنيّ – أرمن
L'Eglise copte : الكنيسة القبطيّة
Un Copte : قبطيّ – أقباط
L'Eglise byzantine : الكنيسة البيزنطيّة
L'Eglise maronite : الكنيسة المارونيّة
Les Maronites : مارونيّ – موارنة
L'Eglise orthodoxe : الأرثوذكسيّة \ الطائفة الأرثوذكسيّة
Les Grecs orthodoxes : روم كاثوليك
Un Orthodoxe : أرثوذكسيّ – الأرثوذكس
Les Syriaques : السريان
Les Chaldéens : الكلدان
Les Assyriens : الآشوريّين

Une prière :
صلاة – صلوات

Notre Père/ le Pater noster : أبانا الذي في السماوات
Le Credo : نؤمن بإله واحد
Ave Maria : السلام عليك يا مريم
Amen : آمين
Un prêche / un sermon : وعظ – موعظة

VI. Identité et religion

Les édifices religieux :
المباني الكنسيّة

Une église : كنيسة – كنائس
Une cathédrale : كاتدرائيّة – كاتدرائيّات
Un couvent / un monastère : دير - أديرة

Le clergé :
الكهنوت | الإكليريوس | رجال الدين

L'organisation ecclésiastique : التنظيم الكنسيّ
Le pouvoir ecclésiastique : السلطة الكنسيّ
Le Pape : البابا \ بابا الفاتيكان
Le pouvoir pontifical : السلطة البابويّة
Le Vatican / le Saint-siège / le siège de Pierre : الفاتيكان \ الكرسي الأقدس
Benoît XVI : بنديكت السادس عشر
Jean Paul II : يوحنّا بولس الثاني
Le souverain pontife : الحبر الأعظم
Un patriarche : بطريرك \ بطرك – بطاركة
Un patriarcat : بطريركيّة
Un évêque : أسقف – أساقفة
Un évêque / un archevêque / un métropolite : مطران – مطارنة
Un évêché / un archevêché / un épiscopat / un diocèse : أسقّفيّة \ أبرشيّة \ مطرانيّة
Un prêtre / un curé (catholique) : خوري – خوارنة \ كاهن – كهنة
Un pasteur (protestant) / prêtre / clergyman : قِسّ – قسوس \ قسّيس – قسّيسون – قساوسة
Un moine : راهب - رُهبان
Une religieuse : راهبة - راهبات
Une congrégation / un ordre religieux : رهبنة \ رُهبانية
La vie monacale : الحياة الرهبانيّة
Un ascète : زاهد \ متزهّد
Les Pères de l'Eglise : آباء الكنيسة

Un concile : مجمع – مجامع
L'œcuménisme : المسكونيّة
Un concile œcuménique : مجمع مسكونيّ
Le concile de Vatican II : المجمع الفاتيكانيّ الثاني

La liturgie / l'office :
الطقوس والشعائر

Un rite : طقس – طقوس
Une messe : قدّاس – قداديس
La communion : المناولة
Les chants liturgiques : التراتيل الدينية \ الترانيم الطقسيّة
Baptiser : عمّد – يعمّد – تعميد
Le baptême : المعمودية
La providence divine : العناية الإلهيّة
Les enseignements de Jésus : تعاليم المسيح

Les fêtes religieuses :
الأعياد الدينيّة

Noël : عيد الميلاد
Le carême : الصيام الكبير
Le Dimanche des rameaux : أحد الشعانين
La Semaine sainte : أسبوع الآلام
Le Chemin de croix : درب الآلام
La Cène : العشاء السرّيّ
Vendredi saint : الجمعة العظيمة \ الجمعة الحزينة
Pâques : عيد الفصح
La Résurrection : القيامة
La pentecôte : عيد العنصرة
L'annonciation : عيد البشارة
La Transfiguration : عيد التجلّي
L'Ascension : عيد الصعود
Toussaint : عيد جميع القدّيسين

VI. Identité et religion

La chrétienté / le monde chrétien :
العالم المسيحيّ

Christianiser / évangéliser : نصّر – ينصّر – تنصير
Les missions d'évangélisation : الحملات التبشيريّة \ الإرساليّات
Un missionnaire : مبشّر – مبشّرون
Une croisade : حرب صليبيّة – حروب صليبيّة
Un croisé : صليبيّ – صليبيّون
Les Francs : الإفرنج
L'inquisition : محاكم التفتيش

Quelques prénoms chrétiens :
بعض الأسماء المسيحية

Mathieu : متّى
Marc : مرقص
Luc : لوقا
Jean : يوحنّا
Pierre : بطرس
Paul : بولس

Quelques prénoms communs :
بعض الأسماء المشتركة

Abraham : إبراهيم
Moïse : موسى
Zacharie : زكريا
Salomon : سليمان
David : داوود
Jésus : عيسى
Marie : مريم
Joseph : يوسف
Jean-Baptiste : يحيا

TABLE DES MATIERES

I. La politique

La politique intérieure : السياسة الداخليّة   10

Les élections : الانتخابات   10
Le processus électoral : العمليّة الانتخابيّة   10
Les types d'élections : أنواع الانتخابيّة   11
La campagne électorale : الحملة الانتخابيّة   11
Voter : التصويت   12
Les résultats des élections : نتائج الانتخابات   13
Gagner / perdre : الفوز والانهزام   13
Transparence et manipulation : الشفافيّة والتلاعب   14
En contexte : les élections   14

Les institutions : المؤسّسات   17
L'Etat : دولة – دول   17
Généralités : اعتبارات عامّة (17) • Les types de régimes : أنواع الأنظمة (18) • La république / le régime républicain : النظام الجمهوريّ (18) • La monarchie / le régime monarchique : النظام الملكيّ (19)
Le gouvernement : الحكومة   19
• Accéder au pouvoir / prendre le pouvoir : تولّي السلطة \ تسلّم السلطة (19) • Former un gouvernement : ألّف \ يؤلّف – شكّل \ يشكّل – تشكيل حكومة \ قام بتشكيل حكومة (20) • Les ministres : الوزراء (20) • Gouverner : حكم \ يحكم – تأليف حكومة (21) • Renverser un gouvernement : قلب حكومة (21)
Le Parlement / l'assemblée nationale :
مجلس النوّاب \ البرلمان \ مجلس الشعب \ الشورى \ دار النيابة   22
En contexte : les institutions   22

Les forces politiques et sociales : القوى السياسيّة والاجتماعيّة   25
Les forces politiques : القوى السياسيّة   25
Généralités : اعتبارات عامّة (25) • Le parti : الحزب (25) • Les types de partis : أنواع الأحزاب (26)
Les forces sociales : القوى الاجتماعيّة   26
En contexte : les forces politiques et sociales   27

Les tensions politiques et sociales : التوتّرات السياسيّة والاجتماعيّة   27
Contester / protester : احتجّ – يحتجّ – احتجاج   27
Généralités : اعتبارات عامّة (27) • La contestation pacifique : الاحتجاج السلميّ (28) • La contestation violente : الاحتجاج العنيف (29)
Réprimer : القمع   29
Entraver / limiter la liberté : تقييد الحرّيّة (29) • Les forces de l'ordre : قوى الأمن \ سلطات الأمن \ السلطات الأمنيّة (30) • Arrêter quelqu'un / emprisonner : اعتقال \ توقيف \ إلقاء القبض على (31)
En contexte : les tensions politiques et sociales   31

La vie politique : **الحياة السياسيّة**		33
L'action politique : العمل السياسيّ		33
La majorité et l'opposition : الأغلبيّة والمعارضة		34
En contexte : la vie politique		35
La dictature / la démocratie : **الديكتاتوريّة والديمقراطيّة**		35
La dictature : الديكتاتوريّة		35
La démocratie : الديمقراطيّة		36
En contexte : la dictature / la démocratie		37

La politique internationale : السياسة الدوليّة   39

Idéologies et principes : **إيديولوجيات ومبادئ السياسة الدوليّة**		39
Les idéologies : الإيديولوجيات		39
Les principes : المبادئ		40
Relations internationales : **العلاقات الدوليّة**		41
Généralités : اعتبارات عامّة		41
Les types de relations : أشكال العلاقات		41
La coopération : التعاون (41) • La domination : الهيمنة (42)		
La guerre froide : الحرب الباردة		43
Le monde post guerre froide : عالم ما بعد الحرب الباردة		43
En contexte : les relations internationales		44
Les relations diplomatiques : **العلاقات الدبلوماسيّة**		45
Les acteurs diplomatiques : الفاعلون في مجال الدبلوماسيّة		45
La diplomatie : الدبلوماسية (45) • Les institutions internationales : الهيئات \ المنظمات الدولية (45)		
L'action diplomatique : العمل الدبلوماسيّ		46
Les réunions : الاجتماعات (47) • Les négociations : مفاوضات (48) • Les traités : المعاهدات (49)		
En contexte : les relations diplomatiques		49

Crise / conflit / guerre : أزمة \ صراع \ حرب   50

Instabilité, crise et conflit : اضطراب \ أزمة \ صراع		50
L'instabilité : الاضطراب		50
Une crise : أزمة		51
Un conflit : نزاع		51
La guerre : **الحرب**		52
Les types de guerres : أنواع الحروب		52
L'armée : الجيش		53
Les armes : الأسلحة		54
Faire la guerre : المحاربة		55
Résister : المقاومة		56
Le terrorisme : الإرهاب		56
Gagner / perdre la guerre : الانتصار \ الانهزام		57

Table des matières 279

Les pertes humaines et les dégâts matériels : الخسائر البشريّة والأضرار المادّيّة 58
  Les pertes humaines : الخسائر البشريّة (58) • Les dégâts matériels : المادّيّة الأضرار (58)
Les crimes de guerre : جرائم الحرب 59
En contexte : la guerre 59

La paix : **السلام** 61
  Faire la paix : إقرار السلام 61
  Les forces internationales : القوّات الدوليّة 62
  La justice internationale : القضاء الدوليّ \ القانون الدوليّ \ العدالة الدوليّة \ الشرعية الدولية 62
  Le conflit israélo-arabe : النزاع \ الصراع العربيّ الإسرائيليّ 62
    La géographie : الجغرافيا (62) • Eléments historiques : عوامل تاريخية (63) • La politique palestinienne : السياسة الفلسطينيّة (63) • La politique israélienne : السياسة الإسرائيليّة (64) • Le conflit : النزاع (64) • Le processus de paix : عمليّة السلام \ مسيرة السلام (64)
  En contexte : le conflit israélo-arabe 65

Religion et politique : **السياسة والدين** 67
  Islam et islamisme : الإسلام والإسلام السياسيّ والإسلامويّة 67
  L'Islamisme politique : الإسلام السياسيّ 67

II. L'économie

La planète finance : عالم المال **70**
  La banque : المصرف 70
    L'organisation de la banque : تنظيم المصرف 70
    Le fonctionnement de la banque : آليّات المصرف 70
    L'épargne : الادّخار 71
    Le crédit : ائتمان 71
    Les banques d'investissement : المصارف الاستثماريّة 72
    Les autres institutions financières : المؤسّسات الماليّة \ المنشآت الماليّة 73
    En contexte : la banque 74
  La Bourse : البورصة 75
    Fonctionnement de la Bourse : آليّات البورصة 75
    Quelques indices boursiers internationaux : مؤشّرات بعض البورصات العالميّة 76
    En contexte : la Bourse 76
  Les crises financières : الأزمات الماليّة 77
    La crise boursière : أزمة البورصة 77
      Les inquiétudes : القلق (77) • La baisse : الانخفاض (78)

La crise des subprimes et du crédit : أزمة القروض العقاريّة الأمريكيّة العالية المخاطر وأزمة الائتمان • (79) Le secteur de l'immobilier : قطاع العقار \ العقارات \ القطاع العقاريّ (79) • *La crise immobilière américaine :* أزمة العقار الأمريكيّ (79) • *La crise du crédit :* أزمة الائتمان (80)	79
En contexte : les crises financières	80
La monnaie : العملة \ النقد	84
En contexte : la monnaie	84

La mondialisation économique : العولمة الاقتصاديّة   **86**

Généralités : اعتبارات عامّة	86
Les pays et les régions : البلدان والمناطق	86
Les organismes économiques internationaux : الهيئات الاقتصاديّة الدوليّة	87
Les négociations internationales : المفاوضات الدوليّة	88
En contexte : généralités	89
Mondialisation et antimondialisation : العولمة ومناهضة العولمة	91
L'impact de la mondialisation : تأثير العولمة	91
Aspects négatifs de la mondialisation : الجوانب السلبيّة للعولمة	91
Imaginer / concevoir un monde intégré : تصوّر مجتمع عالميّ مندمج	92
L'alter mondialisme / l'antimondialisme : مناهضة العولمة	93
En contexte : mondialisation et antimondialisation	93
Economie et immigration : الاقتصاد والهجرة	95
La migration : الهجرة	95
Le projet euro-méditerranéen : المشروع اليورو متوسّطي • Géographie - partenaires : جغرافيا – الشركاء (95) • *Le projet :* المشروع (96) • *Fonctionnement :* الآليّات (96)	95
En contexte : économie et immigration	97
L'économie de marché : اقتصاد السوق	98
Capitaux et investissements : رؤوس الأموال والاستثمارات	98
Le libre-échange : التبادل الحرّ	98
La concurrence, la compétitivité : المنافسة والتنافسيّة La concurrence : المنافسة (100) • *La compétitivité :* التنافسيّة (100)	100
La privatisation : الخصخصة	100
La régulation : التقنين	101
En contexte : l'économie de marché	101
Les performances économiques : الأداءات الاقتصاديّة \ أداءات الاقتصاد	104
La croissance : النموّ	104
La récession économique : هبوط النشاط الاقتصاديّ	104
Prix - inflation : الأسعار والتضخم	105
Le travail et chômage : العمل والبطالة	105

Table des matières 281

Les acteurs : الفاعلون (105) • Le marché du travail : سوق العمل (106) • La gestion du travail / le management : إدارة العمل (106) • Le droit du travail : قانون العمل (107) • Les conditions de travail : شروط العمل (107) • Les types de travail : أصناف العمل (107) • La formation : التأهيل (107) • Le chômage : البطالة (108) • Les salaires : الأجور (108) • Les retraites \ التقاعد (108) المعاش

En contexte : performances économiques   109

Les politiques économiques : السياسات الاقتصاديّة   111
  Réformer : الإصلاح   111
  Les banques centrales, la politique monétaire :
  المصارف المركزيّة والسياسة النقديّة   111
    Banques centrales : المصارف المركزيّة (111) • La politique monétaire : السياسة النقديّة (112)
  Les politiques budgétaires : السياسات المتعلّقة بالميزانيّة   112
    Budget : ميزانيّة \ موازنة (112) • La fiscalité : النظام الضريبيّ (112) • La relance - l'essor : الانتعاش والنهوض (113)
  En contexte : les politiques économiques   113

L'économie par domaines : قطاعات الاقتصاد   114
  Les acteurs : الفاعلون   114
  Le commerce : التجارة   115
  L'industrie : الصناعة   116
  En contexte : l'économie par domaines   117

Pétrole et gaz : البترول \ النفط   118
  Les sources d'énergie : مصادر الطاقة   118
  Les infrastructures : البنى التحتيّة   118
  La production : إنتاج البترول   119
  Les réserves : الاحتياطيّ   120
  Le marché mondial de l'énergie : سوق الطاقة العالمية   120
  En contexte : pétrole et gaz   121

L'agriculture \ الزراعة \ الفلاحة   124
  Les activités agricoles : النشاطات الزراعيّة   124
    زرع – يزرع – زرع \ زراعة (124) • Cultiver : زراعة \ زرع (124) • La campagne : ريف - أرياف (124) • Nourrir : توفير الغذاء \ إطعام (125) • Les cultures : الزراعات (125)
  Subventionner le secteur agricole : دعم القطاع الزراعيّ   125
  La crise alimentaire : الأزمة الغذائيّة   126
  En contexte : l'agriculture   126

Les problèmes socio-économiques : المشاكل الاجتماعيّة والاقتصاديّة   128
  La pauvreté : الفقر   128
  La santé : الصحّة   130
  Les inégalités et l'analphabétisme : التفاوت والأميّة   131
  Le développement : التنمية   131
  En contexte : les problèmes socio-économiques   132

III. Les médias

Généralités : اعتبارات عامّة 138
   Les supports médiatiques : وسائط الإعلام 138
   Les différents acteurs des médias :
   الأطراف الفاعلة في الإعلام \ القائمون على الإعلام 138
   Le message médiatique : الرسالة الإعلاميّة 139
   L'espace médiatique : الفضاء الإعلاميّ 139
   Le secteur des médias : القطاع الإعلاميّ 140
   En contexte : généralités 140

La presse écrite : الصحافة المكتوبة 141
   Les types de publications : أنواع المنشورات \ الإصدارات 141
   Le journal : الجريدة 141
   Les personnes : الأشخاص 142
   Les rubriques : الأبواب 142
   L'espace publicitaire : المساحات الإعلانيّة 143
   La législation : القوانين والتشريعات 143
   En contexte : la presse écrite 144

La télévision : التلفزيون \ التلفاز 145
   Emettre : الإرسال 145
   Les chaînes : المحطّات 145
   Préparer / Présenter les émissions : إعداد وبثّ البرامج 146
   Regarder les émissions : مشاهدة البرامج 147
   Les chaînes satellitaires : الفضائيّات 147
   Les nouveautés : المستجدّات 147
   En contexte : la télévision 148

Le travail du journaliste : عمل الصحفيّ 148
   Professionnalisme : مهنيّة \ احتراف 148
   Techniques du discours médiatique : أساليب الخطاب الإعلاميّ 149
   Déontologie et qualités journalistiques :
   أخلاقيّات وخصائص العمل الصحفيّ 149
      Les « vertus » / les valeurs : الفضائل والقيم (149) • La déontologie :
      الخصائص المهنية (150) • Les qualités professionnelles : أخلاقيّات المهنة (150)
      • Les « vices » : الرذائل (151)
   En contexte : le travail du journaliste 152

Informations et débats : الأخبار والحوارات 153
   Informations : الأخبار 153
      Les informations télévisées : الأخبار في التلفزيون (153) •
      La concurrence : المنافسة (154)

Table des matières   283

  Débattre : مناقشة   154
    Les débats : الحوارات (154) • Les dossiers brûlants : القضايا الساخنة (155) •
    Un vif débat : حوار ساخن (155) • S'exprimer : التعبير عن (156) • Organiser
    un débat : تنظيم حوار (156)
  En contexte : *informations et débats*   157

Impact sur le public : التأثير على الجمهور \ التداعيات على الجمهور   159
  Les missions des médias : مهمّة – مهامّ الإعلام   159
  Forger une opinion publique : تكوين \ تشكيل رأي عامّ   160
  Manipuler les esprits : التلاعب بالعقول   161
  En contexte : *impact sur le public*   162

La liberté de la presse : حرّيّة الصحافة   163
  Relations entre journalistes et détenteurs du média :
  العلاقات بين صاحب الوسيلة الإعلاميّة والصحافيّ   163
    Qualifier les relations : توصيف العلاقات (163) • Orientation et
    autocensure : التوجّه والرقابة الذاتيّة (164)
  Censure et libertés : الرقابة والحرّيّات   165
    Censure : الرقابة (165) • Libertés : الحرّيّات (166) • Des organisations de
    défense des droits de l'homme : هيئات \ منظّمات للدفاع عن حقوق الإنسان (167)
  Pluralité / monopole : تعدّديّة \ احتكار   167
  En contexte : *la liberté de la presse*   168

La télévision de divertissement : تلفاز للترفيه   170
  Les types d'émissions : أنواع البرامج   170
  Emissions pour enfants : برامج الأطفال   171
  Les jeux et les variétés : الألعاب والمنوّعات   171
    Généralités : اعتبارات عامّة (171) • Importer, adapter des émissions de
    divertissement : استيراد واقتباس برامج ترفيهيّة (172)
  Les séries : المسلسلات   172
  Audience : نسبة المشاهدة   173
  En contexte : *la télévision de loisir*   174

Médias et société : الإعلام والمجتمع   177
  Les thèmes et les limites : المواضيع المتناوَلة والحدود   177
  Qualité des émissions : نوعيّة البرامج   178
    Les jugements négatifs : الأحكام السلبيّة (178) • Jugements positifs : الأحكام
    الإيجابيّة (179)
  Impact sur le public : التأثير على الجمهور   179
  En contexte : *médias et société*   180

IV. L'environnement

L'écologie : البيئة   184
  Concepts de base : المصطلحات الأساسيّة   184
  Les acteurs : الفاعلون   184
    Les scientifiques : العلماء (184) • Les écologistes : أنصار البيئة (184)
  Les domaines touchés : المجالات المعنيّة   185

Le climat : المناخ	185
Les phénomènes négatifs : الظواهر السلبيّة	185
En contexte : le climat	186
La pollution de l'air : تلوّث الهواء	187
La pollution aux gaz : التلوّث بالغازات	187
Réduire le phénomène : تقليص الظاهرة	187
Les maladies : الأمراض	187
En contexte : la pollution de l'air	188
Les pôles : القطبين	188
Termes géographiques : المصطلحات الجغرافيّة	188
Les conséquences : العواقب	189
Les victimes : الضحايا	189
En contexte : les pôles	189
La forêt : الغابات	190
Les dangers : المخاطر	190
En contexte : la forêt	190
La biodiversité : التنوّع الحيويّ \ التنوّع البيولوجي	191
Les espèces : الأنواع	191
Dangers et menaces : المخاطر والتهديدات	191
Préserver la biodiversité : الحفاظ على التنوّع الحيويّ	192
Les animaux : الحيوانات	192
En contexte : la biodiversité	193
La pollution du sol : تلوّث التربة	193
La pollution liée à l'agriculture : التلوّث المرتبط بالزراعة	193
En contexte : la pollution du sol	194
La pollution de l'eau : تلوّث المياه	194
L'eau : الماء	194
Les maladies : الأمراض	195
Les déchets : النفايات	196
Le problème des déchets : مشكلة النفايات	196
Remédier : إصلاح الأمور	196
L'énergie : الطاقة	197
Les énergies : أنواع الطاقة	197
Gaspiller l'énergie : تبذير الطاقة	197
Remédier : إصلاح الأمور	198
En contexte : l'énergie	198
Le développement durable : التنمية المستدامة \ المستديمة	199
En contexte : le développement durable	199
Le traité de Kyoto : اتّفاقيّة كيوتو	200
Termes géographiques : المصطلحات الجغرافيّة	200

V. Les arts, les lettres et la culture

Les arts : الفنون ... 202
  Manifestations culturelles et artistiques :
  التظاهرات الثقافيّة والفنيّة ... 202
    La production culturelle : الإنتاج الثقافيّ ... 202
    Le public : الجمهور ... 202
    Une exposition : معرض ـ معارض ... 203
    Un jury : لجنة تحكيم ... 203
    En contexte : les manifestations culturelles ... 203
  La création artistique : الإبداع الفنيّ ... 205
    L'artiste et l'œuvre : الفنّان والعمل الفنيّ ... 205
    L'esthétique : الجماليّة ... 205
    Le génie : العبقريّة ... 206
    Le travail de l'artiste : عمل الفنان ... 206
  L'artiste, l'intellectuel dans la société : الفنّان والمثقف في المجتمع ... 207
    En contexte : l'intellectuel dans la société ... 207
  Le patrimoine historique : التراث التاريخيّ ... 208
    Le folklore : الفلكلور ... 208
    Les périodes de l'histoire : الأحقاب التاريخيّة ... 208
    L'archéologie : علم الآثار ... 209
    En contexte : le patrimoine historique ... 210
  Les beaux-arts : الفنون الجميلة ... 212
    Un musée : متحَف ـ متاحف ... 212
    La peinture / le dessin : الرسم ... 212
    La sculpture : النحت ... 213
    Divers : فنون متنوّعة ... 213
  La musique : الموسيقى ... 213
    Les types de musiques : أنواع الموسيقى ... 213
    Faire de la musique : العزف ... 214
      Musicien : موسيقيّ ـ موسيقيّون (214) • Les instruments de musique : الآلات الموسيقيّة (214)
    Chanter : غنّى ـ يغنّي ... 215
    Ecouter de la musique : الاستماع إلى الموسيقى ... 215
    L'industrie musicale : صناعة الموسيقى ... 216
    Une star : نجم ـ نجمة ... 216
    En contexte : la musique ... 217
  Le théâtre, la danse et le cinéma : المسرح والرقص والسينما ... 217
    La mise en scène, la production : الإخراج والإنتاج ... 217
    Le théâtre : المسرح ... 218
    La danse : الرقص ... 218

Le cinéma : السينما 218
    Le film : الفيلم (218) • Les métiers du cinéma : مهن السينما (219) • Le patrimoine cinématographique : التراث السينمائي (219) • Les genres : أنواع الأفلام (220) • Les prix et les récompenses : الجوائز والمكافآت (220)
    En contexte : le cinéma 221

Les lettres : الآداب 222

  L'écrivain, le livre, la langue : الكاتب والكتاب واللغة 222
    L'écrivain : الكاتب 222
    Le livre : الكتاب 222
        La structure du livre : بنية الكتاب (222) • L'œuvre : العمل (223) • L'édition : النشر 223
    La langue : اللغة 224
    En contexte : l'écrivain, le livre, la langue 224

  La littérature : الأدب 226
    Raconter une histoire : رواية قصّة \ سرد قصّة 226
    Les genres littéraires : الأنواع الأدبيّة 226
    Le roman : الرواية - الروايات 227
    Un conte : قصّة ـ قصص \ حكاية – حكايات 228
    La poésie : الشعر 229
        Généralités : اعتبارات عامّة (229) • Les thèmes de la poésie antéislamique : مواضيع الشعر الجاهليّ (229) • La création poétique : الإبداع الشعريّ (230)
    En contexte : la littérature 230

  L'analyse littéraire : التحليل الأدبيّ 232
    La critique : النقد 232
    La rhétorique : علم المعاني \ البلاغة 232

VI. Identité et religion

Culture et identité : الثقافة والهويّة 236

  Généralités : اعتبارات عامّة 236
    Activités intellectuelles : نشاطات فكريّة \ ذهنيّة 236
    La sphère culturelle : الفضاء الثقافيّ 237
    Quelques concepts utiles : بعض المصطلحات المفيدة 237
    Des couples utiles : ثنائيّات مفيدة 238
    En contexte : généralités 239

  Culture et société : الثقافة والمجتمع 239
    Une valeur : قيمة – قيم 239
    Les relations sociales : العلاقات الاجتماعيّة 240
    Le fonctionnement de la société : آليّات المجتمع 240

Table des matières

L'Occident : الغرب ... 241
   Les grands principes de l'Occident : مبادئ الغرب الكبرى ... 241
   La modernité : الحداثة ... 241
   Le progrès et la civilisation : التقدّم والحضارة ... 242
   La science et la puissance : العلم والقوّة ... 242
   En contexte : *l'Occident* ... 243

L'hégémonie de l'Occident : هيمنة الغرب ... 243
   L'invasion culturelle : الغزو الثقافيّ ... 243
      La mondialisation / la globalisation : العولمة (243) • L'occidentalisation : تجانس \ التغريب (243) • Uniformisation / uniformité / homogénéisation : تماثل (244) • La perte de l'identité : فقدان الهويّة (245)
   Colonialisme et néocolonialisme : الاستعمار والاستعمار الجديد ... 245
      Le sentiment de supériorité : الشعور بالاستعلاء (245) • Le racisme : العنصريّة (245) • Le colonialisme : الاستعمار (245)
   Le choc des civilisations : صدام الحضارات ... 246
      Une théorie : نظريّة – نظريّات (246) • Critiquer la thèse : انتقاد المقولة (246)
   La confrontation avec la culture occidentale :
   مواجهة \ مجابهة \ تصادم مع ثقافة الغرب ... 246
   En contexte : *l'hégémonie de l'Occident* ... 247

Résister à l'hégémonie : التصدّي للهيمنة ... 249
   Résister / faire face / contrer : التصدّي لـ ... 249
   La réaction à l'hégémonie : الردّ على الهيمنة ... 250
   L'authenticité : الأصالة ... 250
   Identité et appartenance : الهويّة والانتماء ... 250
   Le repli sur soi : الانطواء على الذات ... 251
   Le regard sur le passé : النظرة إلى الماضي ... 252
      Un mythe / une légende : أسطورة – أساطير (252) • Un regard historique objectif : نظرة تاريخيّة موضوعيّة (252)
   En contexte : *résister à l'hégémonie* ... 253

Le dialogue Orient / Occident : الحوار بين الشرق والغرب ... 255
   Se distinguer / se ressembler : التميّز \ التشابه ... 255
   L'échange Orient / Occident : التبادل بين الشرق والغرب ... 256
      Dialoguer : التحاور (256) • Adapter / s'adapter : الاقتباس (256)
   En contexte : *le dialogue Orient/Occident* ... 257

La religion : الدين ... 259

Les principales religions dans le monde :
الديانات الرئيسيّة في العالم ... 259

Généralités communes aux religions monothéistes :
العوامل المشتركة بين الديانات التوحيديّة ... 259
   Les textes et le dogme : النصوص والعقائد ... 259
   Le culte / les rites : الطقوس و الشعائر الدينيّة ... 260
   La sphère religieuse : الفضاء الدينيّ ... 261

Sacré / profane : دين \ دنيا	261
Généralités : اعتبارات عامّة	261
La laïcité : العلمانية	262
En contexte : le sacré / le profane	262
L'islam : الإسلام	263
Les fondements de la religion : أصول الدين	263
Les piliers de la religion : أركان الدين	263
Les « branches » « confessions » dans l'Islam : الفِرَق الإسلاميّة	264
La législation islamique : التشريع الإسلامي	265
Les fondements de la science juridique : أصول الفقه (265) • Les écoles juridiques islamiques : المذاهب الإسلاميّة \ المدارس الفقهيّة (266) • Les sciences religieuses : العلوم الدينيّة (266)	
L'organisation de la vie religieuse : تنظيم الحياة الدينيّة	266
Le sentiment religieux : الشعور الديني \ المشاعر الدينيّة	267
Les fêtes religieuses : الأعياد الدينيّة	267
Le prosélytisme : الدعوة إلى	267
Renier Dieu : كفر - يكفر	268
Les relations avec les non musulmans : العلاقات مع غير المسلمين	268
Le dialogue des religions / interreligieux : حوار الأديان	269
En contexte : l'Islam	269
Le christianisme : المسيحيّة	270
Les fondements et les dogmes : الأسس والعقائد	270
Les livres saints : الكتب المقدّسة	270
Les lieux saints : الأماكن المقدّسة	271
Les confessions : طائفة - طوائف	271
L'Eglise d'Occident : الكنيسة الغربية (271) • L'Eglise d'Orient : الكنيسة الشرقيّة (272)	
Une prière : صلاة - صلوات	272
Les édifices religieux : المباني الكنسيّة	273
Le clergé : الكهنوت \ الإكليريوس \ رجال الدين	273
La liturgie / l'office : الطقوس والشعائر	274
Les fêtes religieuses : الأعياد الدينيّة	274
La chrétienté / le monde chrétien : العالم المسيحيّ	275
Quelques prénoms chrétiens : بعض الأسماء المسيحية (275) • Quelques prénoms communs : بعض الأسماء المشتركة (275)	

Achevé d'imprimer en France
par Dupli-Print à Domont (95)
en avril 2014
N° d'impression : 2014040126